写给青少年的

古文观止

伊泽◎编著

第5卷

论辩的艺术

民主与建设出版社

·北京·

图书在版编目（CIP）数据

写给青少年的古文观止 . 5，论辩的艺术 / 伊泽编著
. -- 北京：民主与建设出版社，2022.11（2023.11）

ISBN 978-7-5139-3965-2

Ⅰ . ①写… Ⅱ . ①伊… Ⅲ . ①古典散文—散文集—中
国②《古文观止》—青少年读物 Ⅳ . ① H194.1

中国版本图书馆 CIP 数据核字（2022）第 188544 号

写给青少年的古文观止 · 论辩的艺术
XIEGEI QINGSHAONIAN DE GUWENGUANZHI LUNBIAN DE YISHU

编　　著	伊　泽
责任编辑	王　颂　郝　平
封面设计	阳春白雪
出版发行	民主与建设出版社有限责任公司
电　　话	（010）59417747　59419778
社　　址	北京市海淀区西三环中路 10 号望海楼 E 座 7 层
邮　　编	100142
印　　刷	德富泰（唐山）印务有限公司
版　　次	2022 年 11 月第 1 版
印　　次	2023 年 11 月第 5 次印刷
开　　本	880 毫米 × 1230 毫米　　1/32
印　　张	5
字　　数	75 千字
书　　号	ISBN 978-7-5139-3965-2
定　　价	228.00 元（全 5 册）

注：如有印、装质量问题，请与出版社联系。

目录

guò qín lùn
过秦论（上）

汉 贾谊

作者档案

贾谊（前200年—前168年），西汉政论家、文学家。文帝时任博士，后擢为太中大夫，主张改革政制。遭排挤被贬为长沙王太傅。后复召回朝，为梁怀王太傅。梁王坠马死，其深感内疚，抑郁而亡，年仅33岁。

qín xiào gōng jù xiáo hán ① zhī gù　yōng yōng zhōu ② zhī dì
秦孝公据殽函①之固，拥雍州②之地，
秦孝公凭着殽山和函谷关的险固，拥有雍州肥沃的土地，君臣上下

jūn chén gù shǒu yǐ kuī zhōu shì　yǒu xí juǎn tiān xià　bāo jǔ yǔ nèi
君臣固守以窥周室；有席卷天下、包举宇内、
固守，伺机篡夺周王朝的政权；有席卷天下、征服各国、统一四海的壮志，

náng kuò sì hǎi zhī yì　bìng tūn bā huāng　zhī xīn　dāng shì shí yě
囊括四海之意，并吞八荒③之心。当是时也，
并吞八方的雄心。在这个时候，商鞅辅佐孝公，在内建立法律制度，积极发

shāng jūn zuǒ zhī　nèi lì fǎ dù　wù gēng zhī　xiū shǒu zhàn zhī
商君佐之，内立法度，务耕织，修守战之
展农业和纺织，整修攻守的武器装备；对外实行连横政策，挑起诸侯们的矛

jù　wài lián héng④　ér dòu zhū hóu　yú shì qín rén gǒng shǒu ér qǔ
具；外连衡④而斗诸侯。于是秦人拱手而取
盾使其自相争斗。于是秦国人轻而易举便取得了黄河以西的土地。

xǐ hé⑤　zhī wài
西河⑤之外。

①殽函：崤山与函谷关。②雍州：古九州之一，这里指秦国当
时统治的主要地区，相当于今陕西东部、北部及甘肃部分地区。
③八荒：原指八方荒远的偏僻地方，这里指"天下"。④连衡：
亦作"连横"。⑤西河：又称河西，今陕西东部黄河西岸地区。

xiào gōng jì mò　huì wén　wǔ　zhāo①　méng gù yè　yīn②
孝公既没，惠文、武、昭①蒙故业，因②
秦孝公死后，惠文王、武王、昭襄王继承祖上留下的基业，遵照

yí cè　nán qǔ hàn zhōng　xǐ jǔ bā shǔ　dōng gē gāo yú　zhī③
遗策，南取汉中，西举巴蜀，东割膏腴③之
前人的策略，向南取得了汉中，向西攻占了巴、蜀，在东边割取了肥沃的

dì　shōu yào hài zhī jùn　zhū hóu kǒng jù　huì méng ér móu ruò qín
地，收要害之郡。诸侯恐惧，会盟而谋弱秦，
土地，接收了位置重要的州郡。诸侯们都因此感到恐惧，于是会盟共谋削

bú ài zhēn qì zhòng bǎo féi ráo zhī dì yǐ zhì tiān xià zhī shì
不爱珍器、重宝、肥饶之地，以致天下之士，
弱秦国的办法，不惜用珍奇的器物、贵重的财宝和肥沃的土地来招纳天下

hé zòng dì jiāo xiāng yǔ wéi yī dāng cǐ zhī shí qí yǒu mèng
合从④缔交，相与为一。当此之时，齐有孟尝
贤才，缔结合纵的盟约，结为一体，联合抗秦。在这个时候，齐国有孟尝

cháng zhào yǒu píng yuán chǔ yǒu chūn shēn wèi yǒu xìn líng cǐ sì
尝，赵有平原，楚有春申，魏有信陵⑤。此四
君，赵国有平原君，楚国有春申君，魏国有信陵君，这四个人，都是明智

jūn zhě jiē míng zhì ér zhōng xìn kuān hòu ér ài rén zūn xián ér
君者，皆明智而忠信，宽厚而爱人，尊贤而
忠信、宽厚爱人、礼贤下士的君子，他们约定合纵以拆散连横，联合了韩、

zhòng shì yuē zòng lí héng jiān hán wèi yān zhào sòng
重士，约从离横⑥，兼韩、魏、燕、赵、宋、
魏、燕、赵、宋、卫、中山等国的抗秦力量。此时，六国的士人当中，有

wèi zhōng shān zhī zhòng yú shì liù guó zhī shì yǒu nìng yuè xú
卫、中山之众。于是六国之士，有宁越、徐
宁越、徐尚、苏秦、杜赫这些人帮着出谋划策；有齐明、周最、陈轸、召

shàng sū qín dù hè zhī shǔ wèi zhī móu qí míng zhōu zuì chén
尚、苏秦、杜赫之属为之谋，齐明、周最、陈
滑、楼缓、翟景、苏厉、乐毅这些人来联络各国、沟通意见；有吴起、孙

zhěn shào huá lóu huǎn zhái jǐng sū lì yuè yì zhī tú tōng qí
轸、召滑、楼缓、翟景、苏厉、乐毅之徒通其
膑、带佗、儿良、王廖、田忌、廉颇、赵奢一批人来统率军队。他们曾以

yì wú qǐ sūn bìn dài tuó ní liáng wáng liào tián jì
意，吴起、孙膑、带佗、儿良、王廖、田忌、
十倍于秦国的土地、上百万的兵力为后盾，直抵函谷关攻打秦国。秦国的

lián pō zhào shē zhī lún zhì qí bīng cháng yǐ shí bèi zhī dì bǎi wàn
廉颇、赵奢之伦制其兵。尝以十倍之地，百万
军队开关迎战，九国的军队都疑惧退缩，争相逃亡而不敢前进。秦国没有

zhī zhòng   kòu guān ér gōng qín   qín rén kāi guān yán dí   jiǔ guó zhī shī

之众，叩关而攻秦。秦人开关延敌，九国之师

耗费一兵一卒，天下的诸侯就已经疲惫了。于是合纵解散，盟约废除了，

dùn táo ér bù gǎn jìn   qín wú wáng shǐ yí zú   zhī fèi   ér tiān xià

遁逃而不敢进。秦无亡矢遗镞⑦之费，而天下

各国争相割让土地以贿赂秦国。秦国因而有余力利用诸侯的弱点去制服他

zhū hóu yǐ kùn yǐ   yú shì zòng sàn yuē jiě   zhēng gē dì ér lù qín

诸侯已困矣。于是从散约解，争割地而赂秦。

们，追逐那些逃亡败北的军队，倒在地上的尸首多达上百万，流的血可以

qín yǒu yú lì ér zhì qí bì   zhuī wáng zhú běi   fú shī bǎi wàn

秦有余力而制其弊，追亡逐北，伏尸百万，

漂起盾牌。秦国趁着有利的时机，宰割天下诸侯，使诸侯的土地四分五裂，

liú xuè piāo lǔ   yīn lì chéng biàn   zǎi gē tiān xià   fēn liè hé

流血漂橹⑧。因利乘便，宰割天下，分裂河

于是强国请求归服，弱国前来朝拜。

shān   qiáng guó qǐng fú   ruò guó rù cháo

山。强国请服，弱国入朝。

①惠文、武、昭：惠文王、武王、昭襄王。②因：动词，遵照。
③膏腴：土地肥沃。④合从：即合纵。⑤信陵：魏国信陵君魏无
忌，魏安釐王的异母弟弟。⑥约从离横：以合纵来抗击连横。⑦亡：
丢失，丢掉。镞：箭头。⑧橹：盾牌。

yì   jí xiào wén wáng   zhuāng xiāng wáng   xiǎng guó zhī rì qiǎn

施①及孝文王、庄襄王，享国之日浅，

传到孝文王、庄襄王，他们在位的日子短，国家没什么大事。

guó jiā wú shì

国家无事。

jí zhì shǐ huáng　　fèn liù shì zhī yú liè　　zhèn cháng cè ér yù

及至始皇，奋六世之余烈，振长策而御

秦始皇即位以后，光大了六代祖先遗留下来的辉煌功业，挥动长鞭

yǔ nèi　　　tūn èr zhōu　　ér wáng zhū hóu　　lǚ zhì zūn ér zhì lù hé

宇内，吞二周②而亡诸侯，履至尊而制六合，

来驾驭天下，吞并了东西二周，灭亡了各国诸侯，登上了至高无上的皇帝宝座，

zhí qiāo pū　　yǐ biān chī tiān xià　　wēi zhèn sì hǎi　　nán qǔ bǎi yuè

执敲扑③以鞭笞天下，威振四海。南取百越④

统治了上下四方，以高压的手段奴役天下人民，威震四海。他又在南方占领

zhī dì　　yǐ wéi guì lín　　xiàng jùn　　bǎi yuè zhī jūn　　fǔ shǒu xì

之地，以为桂林、象郡，百越之君，俯首系

了百越的土地，划为桂林郡、象郡，百越的君主俯首受擒，脖子上系着绳子，

jǐng　　wěi mìng xià lì　　nǎi shǐ méng tián běi zhù cháng chéng ér shǒu fān

颈，委命下吏。乃使蒙恬北筑长城而守藩

听凭秦朝的小官吏处置。他还派蒙恬到北方修筑长城，固守边境，将匈奴击

lí　　què xiōng nú qī bǎi yú lǐ　　hú rén bù gǎn nán xià ér mù mǎ

篱，却匈奴七百余里。胡人不敢南下而牧马，

退到七百多里之外，胡人不敢南下放牧，他们的士卒也不敢张开弓箭前来报

shì bù gǎn wān gōng ér bào yuàn　　yú shì fèi xiān wáng zhī dào　　fán bǎi

士不敢弯弓而报怨。于是废先王之道，燔百

仇。接着他废除了先王的治国之道，烧毁了诸子百家的书籍，为的是愚化

jiā zhī yán　　yǐ yú qián shǒu⑤　　huī⑥ míng chéng　　shā háo jùn

家之言，以愚黔首⑤；隳⑥名城，杀豪俊，

百姓；他拆毁了著名的城池，大肆杀戮天下的英雄豪杰，搜集天下的兵器而

shōu tiān xià zhī bīng jù zhī xián yáng　　xiāo fēng dí⑦　　zhù yǐ wéi jīn rén

收天下之兵聚之咸阳，销锋镝⑦，铸以为金人

聚之于咸阳，并销毁了这些，铸成十二个铜人，想以此来削弱天下百姓的力

shí èr　　yǐ ruò tiān xià zhī mín　　rán hòu jiàn huà wéi chéng　　yīn hé wéi
十二，以弱天下之民。然后践华为城，因河为
量。然后将华山作为城墙，将黄河作为护城河，据守亿丈之高的城垣，下临

chí　　jù yǐ zhàng zhī chéng　　lín bú cè zhī xī yǐ wéi gù　　liáng jiàng jìng
池，据亿丈之城，临不测之溪以为固。良将劲
深不可测的河水，自以为很坚固了。有优秀的将帅、强劲的弓弩防守在险要

nǔ　　shǒu yào hài zhī chù　　xìn chén jīng zú　　chén lì bīng ér shuí hé
弩，守要害之处；信臣精卒，陈利兵而谁何。
的地方；让可靠的臣子、精锐的士卒拿着锐利的武器，盘问过往的人。天下

tiān xià yǐ dìng　　shǐ huáng zhī xīn　　zì yǐ wéi guānzhōng zhī gù　　jīn
天下已定，始皇之心，自以为关中之固，金
已经平定，秦始皇自以为关中地势险固，方圆千里防守坚固，可以作为子孙

chéng qiān lǐ　　zǐ sūn dì wáng wàn shì zhī yè yě
城千里，子孙帝王万世之业也。
万代称帝的基业了。

①施：延续。②二周：东周王朝周赧王时，东、西周分治。③敲朴：
棍子。④百越：散居南方的古越部族的泛称。⑤黔首：百姓。⑥隳：
毁坏。⑦镆：通"镝"，箭头。

shǐ huáng jì mò　　　yú wēi zhèn yú shū sú①　　rán ér chén
始皇既没，余威震于殊俗①。然而陈
秦始皇死后，他的余威仍然震慑着边远地区。然而陈涉是用破瓮做

shè　　wèng yǒu②shéng shū zhī zǐ　　mín lì③之人，而迁徙
涉，瓮牖②绳枢之子，氓隶③之人，而迁徙
窗洞、用绳子做门轴的穷苦子弟，是替人种田的仆役，还是被发配充军的人。

zhī tú yě　　cái néng bù jí zhōng yōng　　fēi yǒu zhòng ní　　mò dí zhī
之徒也。材能不及中庸，非有仲尼、墨翟之
他的才智比不上一般人，没有孔子、墨子那样的贤能，没有陶朱公、猗顿那

xián   táo zhū   yǐ dùn zhī fù   niè zú háng wǔ zhī jiān   miǎn   qǐ
贤，陶朱、猗顿之富；蹑足行伍之间，俛④起
样的财富；只是处在戍卒的队伍里面，奋起于村野百姓之间，率领着疲惫的

qiān mò zhī zhōng   shuài pí bì zhī zú   jiāng shù bǎi zhī zhòng   zhuǎn ér gōng
阡陌之中，率罢弊之卒，将数百之众，转而攻
士卒，指挥几百人组成的军队，反过来攻打秦。他们砍伐树木作为武器，举

qín   zhǎn mù wéi bīng   jiē⑤ gān wéi qí   tiān xià yún jí ér xiǎng
秦。斩木为兵，揭⑤竿为旗，天下云集而响
起竹竿作为大旗，天下人民如云般地聚集响应；老百姓自己带着粮食，如影

yìng   yíng liáng ér yǐng cóng   ⑥ shān dōng háo jùn suì bìng qǐ   ér wáng qín
应，赢粮而景从，⑥山东豪俊遂并起，而亡秦
子一样地跟从着他，崤山之东的豪杰俊士于是蜂拥而起，消灭了秦国。

zú yǐ
族矣。

①殊俗：边远地方。②瓮牖：以破瓮作为窗户，形容贫穷。③氓隶：
充当隶役的平民。④俛：通"勉"，尽力。⑤揭：举。⑥赢：担。
景：通"影"。

qiě fú tiān xià fēi xiǎo ruò yě   yōng zhōu zhī dì   xiáo hán zhī
且夫天下非小弱也，雍州之地，殽函之
再说，秦国的天下并不是又小又弱的，雍州的土地，殽山、函谷关

gù   zì ruò① yě   chén shè zhī wèi   fēi zūn yú qí chǔ
固，自若①也；陈涉之位，非尊于齐、楚、
的险固，还是和从前一样；陈涉的地位，比不上从前齐、楚、燕、赵、韩、魏、

yān zhào hán wèi sòng wèi zhōng shān zhī jūn yě chú
燕、赵、韩、魏、宋、卫、中山之君也；锄
宋、卫、中山各国君主的尊贵，锄头、耰、枣木棍，也都比不上长钩、长戟、

yōu jí qín ② bù xiān ③ yú gōu jǐ cháng shā yě zhé
耰、棘矜，^② 不铦 ^③ 于钩、戟、长铩 ^④ 也；谪
长矛等兵器的锐利；被发配去边境服役的人，也不能和九国的正规军队相提

shù zhī zhòng fēi kàng yú jiǔ guó zhī shī yě shēn móu yuǎn lǜ xíng
戍之众，非抗于九国之师也；深谋远虑，行
并论；深谋远虑、行军用兵的战略战术，也赶不上从前诸侯的谋士们，然而

jūn yòng bīng zhī dào fēi jí nǎng shí zhī shì yě rán ér chéng bài yì
军用兵之道，非及曩时之士也。然而成败异
成功与失败却截然不同，功业也恰恰相反。

biàn gōng yè xiāng fǎn
变，功业相反。

① 自若：和从前一样。② 耰：平整土地所用的一种农具。棘矜：
指枣木棍。③ 铦：锋利。④ 铩：长矛。

shì shǐ shān dōng zhī guó yǔ chén shè duó cháng xié ① dà bǐ quán
试使山东之国与陈涉度长絜 ^① 大，比权
假使让从前崤山以东的诸侯跟陈涉比较优长短缺、权势力量，那简

liáng lì zé bù kě tóng nián ér yǔ yǐ rán qín yǐ qū qū ② zhī
量力，则不可同年而语矣。然秦以区区 ^② 之
直是不能相提并论的。当年秦国以它那一点点地方，发展到成为拥有万乘兵

dì zhì wàn shèng zhī quán zhāo bā zhōu ér cháo tóng liè ③ bǎi yòu yú
地，致万乘之权，招八州而朝同列 ^③，百有余
车的大国，取得了八州的土地，令原来和秦国地位相当的诸侯前来朝拜，也

nián yǐ rán hòu yǐ liù hé wéi jiā xiáo hán wéi gōng yì fū zuò nàn
年矣。然后以六合为家，殽函为宫。一夫作难
有一百多年了。此后把天下合为一家，把殽山、函谷关作为宫室。结果一个

ér qī miào huǐ shēn sǐ rén shǒu wéi tiān xià xiào zhě hé yě

而七庙④隳，身死人手，为天下笑者，何也？

人起来发难，就使得宗庙都被毁掉了，秦王子婴死在别人（项羽）手里，成

rén yì bù shī ér gōngshǒu zhī shì yì yě

仁义不施，而攻守之势异也。

为天下人的笑柄，这是什么原因呢？这就是因为不能施行仁义，所以攻守的
势态也就迥异了。

①絜：比较。②区区：小貌。③朝同列：使六国的诸侯来朝见。

朝：使入朝。④七庙：天子宗庙。周制：天子宗庙供奉七代祖先。

深入浅出读古文

在《过秦论》中，贾谊肯定了秦孝公支持商鞅变法所起的重要作用，文章的主旨在于"过秦"，也就是谴责秦的过失。在贾谊看来，秦始皇吞并六国时，依靠权势和暴力取得了天下。统一天下后，就该施行仁政，注重教化，这样才能够避免灭亡。

本文采用先扬后抑的写法，前半部分写秦国的盛势达到极致。正所谓"盛极必衰"，后半部分写秦亡的过程，极言秦朝失天下之易，与前半部分形成鲜明对比，给读者以强烈震撼。文末的一句"仁义不施，而攻守之势异也"，既是对全文的概括，又揭示了本文主旨，可谓余韵悠长，发人深思。

知识加油站

战国七雄

战国七雄，是战国时期七个最强大的诸侯国的统称，经过春秋时期的争霸战争，周王朝境内的诸侯国数量大大减少。周王室名义上为天下共主，但已名存实亡。诸侯国互相攻伐，战争不断。三家分晋后，战国七雄的格局正式形成，分别是：秦、楚、齐、燕、赵、魏、韩。

原道

唐 韩愈

博爱之谓仁，行而宜①之之谓义，由是

博爱叫作仁，行为恰当地去做叫作义，从仁义出发去立身行事

而之焉之谓道②，足乎己无待于外之谓德③。

叫作道，本身就具有的而不需要后天灌输的就是德了。仁与义有确实

仁与义为定名，道与德为虚位。故道有君子小

的意义，而道和德是意义不确定的名称。因此道有君子之道和小人之

人，而德有凶有吉。老子之小仁义，非毁之

道，德则分为凶德与吉德。老子藐视仁义，并不是诋毁仁义，而是他

也，其见者小也。坐井而观天，曰天小者，

所见短浅。正如那些坐井观天，于是就说天很小的人一样，但天其实

非天小也。彼以煦煦④为仁，孑孑⑤为义，其
并不小。老子把小恩小惠认为是仁，把谨小慎微看作是义，那么他藐

小之也则宜。其所谓道，道其所道，非吾所谓
视仁义也就是很自然的事情了。他所说的道，是把他理解的道当作道，

道也；其所谓德，德其所德，非吾所谓德也。
不是我所说的道；他所说的德，是把他理解的德当作德，也不是我所

凡吾所谓道德云者，合仁与义言之也，天下之
说的德。我所说的道德，是结合着仁和义的实际意义来讲的，是天下

公言也；老子之所谓道德云者，去仁与义言之
的公论；老子所说的道德，是离开了仁和义的实际内容而讲的，仅仅

也，一人之私言也。
是他个人的见解。

①宜：合宜。②道：道路。这里用来解释道德之道。③德：《礼记》
中说："德者得也。"说的是有德的人，必然也会有所得。这里
引申为人的行为规范。④煦煦：和乐，和悦。⑤孑孑：谨小慎微。

周道衰，孔子没，火于秦。黄老①于汉，
周道衰微，孔子去世，秦始皇焚书，黄老的学说兴盛于汉代，佛

佛于晋、魏、梁、隋之间。其言道德仁义者，
教盛行于晋、魏、梁、隋几朝。那时谈论道德仁义的人，不是归入杨朱学派，

bú rù yú yáng　　　zé rù yú mò　　　bú rù yú lǎo　　　zé rù yú
不入于杨②，则入于墨③；不入于老，则入于
便是归入墨翟学派；不是归入道教学派，便是归入佛教学派。信奉了这一

fó　 rù yú bǐ　　bì chū yú cǐ　　rù zhě zhǔ zhī　　chū zhě nú
佛。入于彼，必出于此。入者主之，出者奴
家，必然就会轻视另一家。加入了哪一派就推崇该派的学说，从哪派退出

zhī　 rù zhě fù zhī　　chū zhě wū④ zhī　　yī　 hòu zhī rén qí yù
之；入者附之，出者污④之。噫！后之人其欲
来就污蔑哪一派；加入哪派就附和该派的观点，从哪派退出就加以诋毁和

wén rén yì dào dé zhī shuō　　shú cóng ér tīng zhī　lǎo zhě yuē　　kǒng
闻仁义道德之说，孰从而听之？老者曰："孔
攻击。唉！后世的人想要了解仁义道德的学说，究竟该听从谁的呢？信奉

zǐ　 wú shī zhī dì zǐ yě　　fó zhě yuē　　kǒng zǐ　 wú shī
子，吾师之弟子也。"佛者曰："孔子，吾师
老子学说的人说："孔子，是我们祖师的弟子。"信奉佛教学说的人说：

zhī dì zǐ yě　　wéi kǒng zǐ zhě　　xí wén qí shuō　lè qí dàn ér
之弟子也。"为孔子者，习闻其说，乐其诞而
"孔子，是我们祖师的弟子。"信奉孔子学说的人，听惯了这些话，乐于

zì xiǎo⑤ yě　　yì yuē　　wú shī yì cháng shī zhī　 yún ěr⑥　 bù
自小⑤也，亦曰"吾师亦尝师之"云尔⑥。不
接受那些荒诞言论而轻视自己，也跟着说起了"我们的老师也曾经向他们

wéi jǔ zhī yú qí kǒu　　ér yòu bǐ zhī yú qí shū　 yī　 hòu zhī rén
惟举之于其口，而又笔之于其书。噫！后之人
学习过"这样的话。而且不单单在口头上说，甚至还把这些写进了书里。

suī yù wén rén yì dào dé zhī shuō　　qí shú cóng ér qiú zhī　 shèn yǐ
虽欲闻仁义道德之说，其孰从而求之？甚矣，
唉！后世的人即使想了解仁义道德的学说，又该从哪里去寻找真相呢？人

rén zhī hào guài yě　　bù qiú qí duān　　bú xùn qí mò　wéi guài zhī yù
人之好怪也！不求其端，不讯其末，惟怪之欲
们对于新奇怪诞的言论与事物的喜好也太过分了吧！不问它的起源，不问

wén　　gǔ zhī wéi mín zhě sì⑦　　jīn zhī wéi mín zhě liù⑧　　gǔ zhī

闻。古之为民者四⑦，今之为民者六⑧。古之
它的结果，只要是怪诞的就爱听。古代的百姓分为四类，今天的百姓分为

jiào zhě chǔ qí yī　　jīn zhī jiào zhě chǔ qí sān　　nóng zhī jiā yī　　　ér

教者处其一，今之教者处其三。农之家一，而
六类。古代施行教化的人只是其中的一类，今天施行教化的人却占了六类

shí sù zhī jiā liù　　gōng zhī jiā yī　　　ér yòng qì zhī jiā liù　　gǔ zhī

食粟之家六；工之家一，而用器之家六；贾之
中的三类。种田的只有一家，而吃粮的却有六家；做工的只有一家，而使

jiā yī　　　ér zī⑨　yān zhī jiā liù　　nài zhī hé mín bù qióng qiě dào

家一，而资⑨焉之家六。奈之何民不穷且盗
用器具的却有六家；经商的只有一家，依靠他服务的却有六家。这种情况

yě

也？
下，老百姓怎能不因为困穷而盗窃呢？

①黄老：指汉初流行起来以黄帝、老子为祖的道家流派。②杨：
杨朱，战国时哲学家。③墨：墨翟，战国初年思想家。④污：诋毁。
⑤自小：自己看不起自己。⑥云尔：语气助词，相当于"等等"。
⑦四：指士、农、工、商。⑧六：指士、农、工、商，还有和尚、
道士。⑨资：依赖。

gǔ zhī shí　　rén zhī hài duō yǐ　　yǒu shèng rén zhě lì　　rán

古之时，人之害多矣。有圣人者立，然
古时候，人们面临的灾难很多。后来有圣人出现了，这才教给民众

hòu jiào zhī yǐ xiāng shēng xiāng yǎng zhī dào　　wéi zhī jūn　　wéi zhī shī

后教之以相生相养之道，为之君，为之师，
相生相养的方法，圣人做他们的首领，当他们的老师，把那些虫蛇禽兽驱赶

qū qí chóng shé qín shòu ér chǔ zhī zhōng tǔ　　hán rán hòu wéi zhī yī
驱其虫蛇禽兽而处之中土。寒然后为之衣，
出中原地带，让人民安居于此。天冷了，就教大家制衣御寒；肚子饿了，就

jī rán hòu wéi zhī shí　　mù chǔ ér diān　　tǔ chǔ ér bìng yě　　rán
饥然后为之食。木处而颠①，土处而病也，然
教人们种庄稼。在树上筑巢而居常常会掉下来，住在洞穴里又很容易染病，

hòu wéi zhī gōng shì　　wéi zhī gōng yǐ shàn　　qí qì yòng　　wéi zhī gǔ yǐ
后为之宫室。为之工以赡②其器用，为之贾以
于是便教人们建造房屋。教人们做工匠，供应日常所需的器具，又教人们经

tōng qí yǒu wú　　wéi zhī yī yào yǐ jì qí yāo sǐ　　wéi zhī zàng mái jì
通其有无；为之医药以济其夭死，为之葬埋祭
商来互通有无；为人们发明医药来治病救亡，为人们制定丧葬祭祀之礼来促

sì yǐ zhǎng qí ēn ài　　wéi zhī lǐ yǐ cì qí xiān hòu　　wéi zhī lè yǐ
祀以长其恩爱，为之礼以次其先后，为之乐以
进人们的恩爱之情，为人们规定礼仪规范使人们有了尊卑长幼之序，创造出

xuān qí yān yù③　　wéi zhī zhèng yǐ shuài qí dài juàn　　wéi zhī xíng yǐ chú
宣其湮郁③；为之政以率其怠倦，为之刑以锄
音乐使人们能抒发抑郁之情；制定政令以带动那些懈怠懒惰的人，设立刑罚

qí qiánggěng④　　xiāng qī yě　　wéi zhī fú　　xǐ　　dǒu hú　　quánhéng yǐ xìn
其强梗④。相欺也，为之符、玺、斗斛、权衡以信
以铲除那些强暴之徒。人们相互欺骗，因此制作了符节、印章、斗斛、秤尺

zhī　　⑤ xiāng duó yě　　wéi zhī chéng guō jiǎ bīng yǐ shǒu zhī　　hài zhì ér
之；⑤相夺也，为之城郭甲兵以守之。害至而
来作为凭信；为了防止争夺，就为人们筑起了城墙、盔甲、兵器来守卫家园。

wéi zhī bèi　　huàn shēng ér wéi zhī fáng　　jīn qí yán yuē　　shèng rén
为之备，患生而为之防。今其言曰："圣人
灾害将要到来就为他们做好准备，祸患将要发生就为他们做好防范。现在道

bù sǐ　　dà dào bù zhǐ　　pōu dǒu zhé héng　　ér mín bù zhēng　　wū
不死，大盗不止；剖斗折衡，而民不争。"呜
家那些人却说："圣人不死掉，大盗便不会停止；毁掉斗斛、折断秤尺，人

hū　qí yì bù sī ér yǐ yǐ　　rú gǔ zhī wú shèng rén　rén zhī lèi
呼！其亦不思而已矣。如古之无圣人，人之类
民便不再有争夺。"唉！那也是不加思考的话罢了。假若古代没有圣人，那

miè jiǔ yǐ　　hé yě　　wú yǔ máo lín jiè yǐ jū hán rè yě　　wú zhǎo
灭久矣。何也？无羽毛鳞介以居寒热也，无爪
么人类早已灭绝了。为什么呢？因为人类没有羽毛鳞甲来对抗寒热，也没有

yá yǐ zhēng shí yě
牙以争食也。
利爪尖牙来争夺食物啊。

①颠：坠落。②赡：供给。③湮郁：心中的郁闷。④强梗：强
暴之徒。⑤符：古代朝廷传达命令或征调兵将用的凭证，双方各
执一半，合并以验真伪。玺：用玉制作的印章。斗斛：斗与斛两
种量器，亦泛指量器。权衡：秤锤及秤杆。

shì gù jūn zhě　　chū lìng zhě yě　　chén zhě　　xíng jūn zhī lìng ér
是故君者，出令者也；臣者，行君之令而
因此，君主是发布政令的；臣子是推行君主之令并将它实施于民

zhì zhī mín zhě yě　mín zhě　　chū sù mǐ má sī　zuò qì mǐn　tōng
致之民者也；民者，出粟米麻丝，作器皿，通
众的；民众是生产粟、米、丝、麻，制作器皿，流通货物，以供奉位在

huò cái　　yǐ shì qí shàng zhě yě　　jūn bù chū lìng　zé shī qí suǒ yǐ
货财，以事其上者也。君不出令，则失其所以
他们之上的人的。君主不发布政令，便丧失了作为君主的职责；臣子不

wéi jūn　　chén bù xíng jūn zhī lìng ér zhì zhī mín　zé shī qí suǒ yǐ wéi
为君；臣不行君之令而致之民，则失其所以为
推行君主之令并将它们实施于民众，便丧失了他做臣子的职责；民众不

chén mín bù chū sù mǐ má sī zuò qì mǐn tōng huò cái yǐ shì qí
臣；民不出粟米麻丝，作器皿，通货财以事其
生产粟、米、丝、麻，制作器皿，流通货物以供奉位于他们之上的人，

shàng zé zhū jīn qí fǎ yuē bì qì ér jūn chén qù ér
上，则诛。今其法曰："必弃而①君臣，去而
就要受到惩罚。如今佛家却宣扬他们的主张："必须抛弃你们那些君臣

fù zǐ jìn ér xiāng shēng xiāng yǎng zhī dào yǐ qiú qí suǒ wèi qīng
父子，禁而相生相养之道。"以求其所谓清
之礼，舍去你们的父子关系，废除你们那些相生相养的方法。"来追求

jìng jì miè zhě wū hū qí yì xìng ér chū yú sān dài zhī hòu
净寂灭②者。呜呼！其亦幸而出于三代之后，
他们所谓的清净寂灭的境界。唉！幸而他们出生在三代之后，才没有受

bú jiàn chù yú yǔ tāng wén wǔ zhōugōng kǒng zǐ yě qí
不见黜于禹、汤、文、武、周公、孔子也；其
到夏禹、商汤、周文王、周武王、周公、孔子等人的贬斥；他们也是很

yì bú xìng ér bù chū yú sān dài zhī qián bú jiàn zhèng yú yǔ tāng
亦不幸而不出于三代之前，不见正于禹、汤、
不幸而没出生在三代之前，未能得到夏禹、商汤、周文王、周武王、周

wén wǔ zhōugōng kǒng zǐ yě
文、武、周公、孔子也。
公和孔子的纠正。

①而：你。下两句同。②清净寂灭：指道教的清净无为与佛家的
涅槃寂灭之说。

dì zhī yǔ wáng qí hào suī shū qí suǒ yǐ wéi shèng yī
帝之与王，其号虽殊，其所以为圣一
那些被尊崇的古代帝王，其称号虽然不同，但是他们之所以成为圣

也。夏葛① 而冬裘，渴饮而饥食，其事虽殊，
人的原因是一样的。夏天穿葛布衣，冬天穿皮裘，渴了喝水，饿了吃饭，

其所以为智一也。今其言曰："葛不为太古之
这些事虽然不同，但它们都是人类的智慧。现在道家的人却说："为什么

无事？"是亦责冬之裘者曰："曷不为葛之之
不实行上古的无为而治呢？"这就好比责怪冬天穿皮衣的人说："为什么

易也？"责饥之食者曰："曷不为饮之之易也？"
不穿葛布衣？那样多简单！"又好比责怪饿了吃饭的人说："为什么不光

传② 曰："古之欲明明德于天下者，先治其
喝水？那样多简单！"《礼记》上说："古代想要将完美德行彰显于天下

国；欲治其国者，先齐其家；欲齐其家者，先
的人，先要治理好他的国家；想要治理好国家，就必须先安顿好自己的家

修其身；欲修其身者，先正其心；欲正其心
庭；想要安顿好家庭，就必须先提高自身的修养；想要提高自身的修养，

者，先诚其意。"然则古之所谓正心而诚意
就必须先端正思想；想要端正思想，就必须先做到心意诚恳。"古时候认为，

者，将以有为也。今也欲治其心，而外天下国
思想端正、心意诚恳的人，都将会是有所作为的。如今那些想要修身养性的

家，灭其天常③ ，子焉而不父其父，臣焉而不
人，却想抛开天下国家，把天理伦常抛到一边，儿子不把父亲当作父亲，

jūn qí jūn　　mín yān ér bú shì qí shì　kǒng zǐ zhī zuò　chūn qiū

君其君，民焉而不事其事。孔子之作《春秋》

臣子不把君主当作君主，民众不做他们该做的事情。孔子作《春秋》的时候，

yě　zhū hóu yòng yí④　lǐ　zé yí zhī　jìn yú zhōng guó　zé

也，诸侯用夷④礼，则夷之；进于中国，则

诸侯中那些使用夷狄礼仪的，都把他们看作夷狄；对于采用中原礼俗的诸侯，

zhōng guó zhī　jīng yuē　　yí dí zhī yǒu jūn　bù rú zhū xià zhī wú

中国之。经曰："夷狄之有君，不如诸夏之亡。"

都把他们看作是中原之人。《论语》上说："夷狄虽有君主，也不如华夏

shī　yuē　　róng dí shì yīng⑤　jīng shū⑥ shì chéng　jīn

《诗》曰："戎狄是膺⑤，荆舒⑥是惩。"今

没有君主。"《诗经》上说："夷狄应当攻击，荆舒应当惩罚。"现在呢，

yě　jǔ yí dí zhī fǎ　ér jiā zhī xiān wáng zhī jiào zhī shàng　jǐ hé

也，举夷狄之法，而加之先王之教之上，几何

却要将夷狄的法度凌驾于先王的教化之上，那么我们不是都变成夷狄了吗？

qí bù xū⑦ ér wéi yí yě

其不胥⑦而为夷也？

①葛：葛麻制成的衣服。②传：解释儒家经典的书。引文出自《礼记·大学》。③天常：天伦，指父子、兄弟等亲属关系。④夷：中国古代汉族对其他民族的通称。⑤膺：攻击。⑥荆舒：古指东南方的少数民族。⑦胥：都。

fú suǒ wèi xiān wáng zhī jiào zhě　hé yě　bó ài zhī wèi rén

夫所谓先王之教者，何也？博爱之谓仁，

所谓先王之教到底是什么呢？博爱叫作仁，行为恰当地去做叫作

xíng ér yí zhī zhī wèi yì　　yóu shì ér zhī yān zhī wèi dào　zú hū jǐ
行而宜之之谓义，由是而之焉之谓道，足乎己
义，从仁义出发去立身行事叫作道，本身就具有而不求于外就是德。讲仁

wú dài yú wài zhī wèi dé　　qí wén　　　shī　　shū　　yì
无待于外之谓德。其文，《诗》《书》《易》
义道德的书是《诗经》《尚书》《易经》《春秋》；体现仁义道德的法度

chūn qiū　　　qí fǎ　　lǐ yuè xíng zhèng　　qí mín　　shì nóng gōng
《春秋》；其法，礼乐刑政；其民，士农工
是礼仪、音乐、刑法、政令；人民的分类是士兵、农民、工人、商人；位

gǔ　　qí wèi　jūn chén fù zǐ　shī yǒu　bīn zhǔ　kūn dì　　fū
贾；其位，君臣父子、师友、宾主、昆弟、夫
置顺序为君臣、父子、师友、宾主、兄弟、夫妇；所穿的衣服分为麻布、

fù　qí fú　má sī　qí jū　gōng shì　qí shí　sù mǐ guǒ
妇；其服，麻丝；其居，宫室；其食，粟米果
丝绸；人们的住所应该是房屋；食物的范围是粟、米、瓜果、蔬菜、鱼肉。

shū yú ròu　qí wéi dào yì míng　ér qí wéi jiào yì xíng yě　shì gù
蔬鱼肉。其为道易明，而其为教易行也。是故
它作为道理，容易让人理解；它作为教令，也是容易施行的。因此，用它

yǐ zhī wéi jǐ　zé shùn ér xiáng　yǐ zhī wéi rén　zé ài ér gōng
以之为己，则顺而祥；以之为人，则爱而公；
修身，就能和顺吉祥；用它待人，就能仁爱而公正；用它来修养内心，就

yǐ zhī wéi xīn　zé hé ér píng　yǐ zhī wéi tiān xià guó jiā　wú suǒ
以之为心，则和而平；以之为天下国家，无所
能和乐而平静；用它来治理天下国家，就没有什么地方会不适当。因此，

chǔ ér bú dàng　shì gù shēng zé dé qí qíng①　sǐ zé jìn qí cháng②
处而不当。是故生则得其情①，死则尽其常②。
人活着的时候能感受到人与人之间的情谊，死去就是结束了自然的常态。

jiāo yān ér tiān shén gé③　miào yān ér rén guǐ xiǎng④　yuē　　sī
郊焉而天神假③，庙焉而人鬼飨④。曰："斯
用它来祭天就能使天神降临，用它祭祖则祖先的灵魂就前来享用。也许有

道也，何道也？”曰：“斯吾所谓道也，非

人问："这个道，是什么道呀？"回答说："这是我所说的道，不是道家

向所谓老与佛之道也。尧以是传之舜，舜以

与佛家的道。尧将它传给舜，舜将它传给禹，禹将它传给汤，汤将它传给

是传之禹，禹以是传之汤，汤以是传之文、

文王、武王、周公，文王、武王、周公将它传给了孔子，孔子又将它传给

武、周公，文、武、周公传之孔子，孔子传

了孟轲。孟轲死后，就没能再继续传下去。荀况与扬雄，对它有所提炼、

之孟轲。轲之死，不得其传焉。荀⑤与扬

继承，但不够精，对它的谈论也不详尽。从周公往上，传道的人都是做国

也，择焉而不精，语焉而不详。由周公而上，

君的人，所以儒道能得以顺利推行。自周公以下，继承的都是做臣子的人，

上而为君，故其事行。由周公而下，下而为

所以王道学说才得以流传。"那么，需要采取什么措施才能使王道流传呢？

臣，故其说长。”然则如之何而可也？曰：

回答说："佛老之道不加堵塞，儒家之道便不能流传；佛老的谬论不加禁

“不塞不流，不止不行。人其人，火其书，庐

止，儒家之道便不能施行。让那些僧道还俗，将他们的经籍焚毁，将他们

其居，明先王之道以道之，鳏⑥寡孤独废疾者

的寺、观改为民房，阐明先王之道以教导他们，让鳏夫、寡妇、孤儿、孤

yǒu yǎng yě   qí yì shù hū   qí kě yě

有养也，其亦庶乎⑦其可也。"

老、残疾人都能得到供给赡养，那也就差不多可以了。"

①得其情：合乎情理。②尽其常：按照纲常礼法安排丧事。③假：通"格"，到。④飨：通"享"。⑤荀：荀子，又称荀卿、孙卿，战国时期思想家、教育家。⑥鳏：没有妻子的老人。⑦庶乎：差不多、大概。

———深入浅出读古文———

唐宪宗笃信佛教，当时佛教的发展已成泛滥之势，出现了一批拥有田产、剥削农民的僧侣地主阶层。韩愈坚持儒家道统，反对宪宗迷信佛教。在文中他阐述了佛、道盛行给社会带来的沉重负担，强调二教给社会秩序带来的冲击，推崇儒家的仁义道德，强调了儒学在维系社会安定、推动社会发展方面的重要意义。

本文通篇作对比，运用了大量的排比句式。在第三段中，作者连续用了十七个"为之"，写尽古之圣人对民众无微不至的关心、爱护和引导，反衬佛、道清修无为思想的不现实。本文说理翔实，逻辑严密，极有说服力。

知识加油站

成语词汇

坐井观天：坐在井里看天。比喻眼界小，见识少。（选自文句："坐井而观天，曰天小者，非天小也。"）

掊斗折衡：指废除让人争多论少的斗衡。（选自文句："今其言曰：'圣人不死，大盗不止；剖斗折衡，而民不争。'"）

原毁
yuán huǐ

唐 韩愈

古之君子①，其责己也重以周②，其待人
gǔ zhī jūn zǐ   qí zé jǐ yě zhòng yǐ zhōu   qí dài rén
古时候的君子，对自己的要求严格而且全面，对待别人宽容而

也轻以约③。重以周，故不怠；轻以约，故人
yě qīng yǐ yuē   zhòng yǐ zhōu   gù bú dài   qīng yǐ yuē   gù rén
且简约。因为对自己要求严格全面，所以从不敢懈怠；因为对人宽容

乐为善。闻古之人有舜者，其为人也，仁义人
lè wéi shàn   wén gǔ zhī rén yǒu shùn zhě   qí wéi rén yě   rén yì rén
简约，所以别人就都乐于做善事。听说古代有位叫舜的人，据说他是

也。求其所以为舜者，责于己曰："彼④，人
yě   qiú qí suǒ yǐ wéi shùn zhě   zé yú jǐ yuē   bǐ   rén
大仁大义之人。在探求过舜之所成为仁义之人的原因之后，他们责问

也，予，人也。彼能是，而我乃不能是。"早
yě   yú   rén yě   bǐ néng shì   ér wǒ nǎi bù néng shì   zǎo
自己说："舜是个人，我也是个人。他能这样，我却不能这样！"于

夜以思，去其不如舜者，就其如舜者。闻古之
yè yǐ sī   qù qí bù rú shùn zhě   jiù qí rú shùn zhě   wén gǔ zhī
是日夜思考，想改掉自己那些不如的方面，发扬那些与舜相似的方

rén yǒu zhōu gōng zhě　　　 qí wéi rén yě　 duō cái yǔ yì rén yě　 qiú qí

人有周公者，其为人也，多才与艺人也。求其
面。又听说古代有个叫周公的人，周公这个人，可以用多才多艺来形容。

suǒ yǐ wéi zhōu gōng zhě　 zé yú jǐ yuē　　　 bǐ　　 rén yě　　 yú

所以为周公者，责于己曰："彼，人也，予，
在探究过周公之所以成为多才多艺之人的原因后，他们责问自己说："周

rén yě　　 bǐ néng shì　　 ér wǒ nǎi bù néng shì　　　 zǎo yè yǐ sī

人也。彼能是，而我乃不能是。"早夜以思，
公是人，我也是人。他能这样，我却不能这样！"于是日夜加以思考，

qù qí bù rú zhōu gōng zhě　 jiù qí rú zhōu gōng zhě　 shùn　 dà shèng

去其不如周公者，就其如周公者。舜，大圣
改掉自己不如周公的地方，发扬与周公相似的方面。舜是伟大的圣人，

rén yě　　 hòu shì wú jí yān　 zhōu gōng　 dà shèng rén yě　 hòu shì

人也，后世无及焉。周公，大圣人也，后世
后代的人没有能赶上他的。周公也是个伟大的圣人，后代的人也没有

wú jí yān　 shì rén ⑤ yě　 nǎi yuē　　　 bù rú shùn　 bù rú zhōu

无及焉。是人⑤也，乃曰："不如舜，不如周
能赶上他的。这些古代的君子便说："我不如舜，不如周公，这就是

gōng　 wú zhī bìng yě　　 shì bú yì zé yú shēn zhě zhòng yǐ zhōu hū

公，吾之病也。"是不亦责于身者重以周乎？
我的缺陷啊！"这不就是对自己要求既全面而又严格吗？他们对待别

qí yú rén yě　 yuē　　　 bǐ rén yě　 néng yǒu shì　 shì zú wéi liáng

其于人也，曰："彼人也，能有是，是足为良
人，总是说："那个人啊，能做到这点，就足以算得上是个善良的人了；

rén ⑥ yǐ　 néng shàn shì　 shì zú wéi yì rén yǐ　　 qǔ qí yī

人⑥矣。能善是，是足为艺人矣。"取其一，
能擅长这个，就足以称得上是个多才多艺的人了。"肯定人家一个方面

bù zé qí èr　 jí qí xīn　 bù jiū qí jiù　 kǒng kǒng rán wéi jù qí

不责其二；即其新，不究其旧。恐恐然惟惧其
而不苛求其他方面；只看人家今天的表现，而不追究他的过去，唯恐

rén zhī bù dé wéi shàn zhī lì　　yí shàn　　yì xiū yě　　yí yì　　yì
人之不得为善之利。一善，易修也，一艺，易
人家得不着做善事应得的回报。做一件好事是容易的，掌握一种技能

néng yě　　qí yú rén yě　　nǎi yuē　　néng yǒu shì　　shì yì zú yǐ
能也，其于人也，乃曰："能有是，是亦足矣。"
也是容易的。他们对别人，却说："能这样，也就足够了。"又说："能

yuē　　néng shàn shì　　shì yì zú yǐ　　bú yì dài yú rén zhě qīng
曰："能善是，是亦足矣。"不亦待于人者轻
擅长这个，也就可以了。"这不就是对待别人既宽容又简单吗？

yǐ yuē hū
以约乎？

①君子：古代贵族阶级的士大夫。②责：要求。周：全面。③约：
简略。④彼：这里指舜。⑤是人：上古时代的君子。⑥良人：善
良的人。

jīn zhī jūn zǐ zé bù rán　　qí zé rén yě xiáng①　　qí dài
今之君子则不然。其责人也详①，其待
现在的君子却不是这样。他们对别人的要求是全面的，对自己的要

jǐ yě lián②　　xiáng　　gù rén nán yú wéi shàn　　lián　　gù zì qǔ yě
己也廉②。详，故人难于为善；廉，故自取也
求却是很低的。求全责备，所以别人就很难做好事；对自己要求很低，所以

shǎo　　jǐ wèi yǒu shàn　　yuē　　wǒ shàn shì　　shì yì zú yǐ
少。己未有善，曰："我善是，是亦足矣。"
自己的收获就很少。自己并没有什么优点，却说："我能有这优点，也就可

jǐ wèi yǒu néng　　yuē　　wǒ néng shì　　shì yì zú yǐ　　wài yǐ
己未有能，曰："我能是，是亦足矣。"外以
以了。"自己并没有什么才能，却说："我能做到这个，也就足够了。"对

qī yú rén　　nèi yǐ qī yú xīn　　wèi shǎo yǒu dé ér zhǐ yǐ　　bú yì
欺于人，内以欺于心，未少有得而止矣。不亦
外是蒙蔽了别人，对内是欺骗了本心，还没有什么进步便已经停止不前了。

dài qí shēn zhě yǐ lián hū　　qí yú rén yě　　yuē　　　bǐ suī néng
待其身者已廉乎？其于人也，曰："彼虽能
这不就是现在的君子对自己要求得很少很低的表现吗？可是对待别人，他们

shì　　qí rén bù zú chēng yě　　bǐ suī shàn shì　　qí yòng bù zú chēng
是，其人不足称也；彼虽善是，其用不足称
却说："那个人虽然能这样，但他的为人并不足够为人们所称道；那个人虽

yě　　jǔ qí yī　　bú jì qí shí　　jiū qí jiù　　bù tú③　qí
也。"举其一，不计其十；究其旧，不图③其
擅长这个，但他的才能不值得称道。"抓住人家某个方面的缺点，不考虑人

xīn　　kǒng kǒng rán wéi jù qí rén zhī yǒu wén④　yě　　shì bú yì zé yú
新，恐恐然惟惧其人之有闻④也。是不亦责于
家其他方面的优点；追究人家的过去，而不考虑今日的表现，惶惶不安地唯

rén zhě yǐ xiáng hū　　fú shì zhī wèi bù yǐ zhòng rén dài qí shēn⑤　　ér
人者已详乎？夫是之谓不以众人待其身⑤，而
恐别人得到了好名声。这不就是现在的君子要求别人太全面的表现吗？这就

yǐ shèng rén wàng⑥　yú rén　　wú wèi jiàn qí zūn jǐ yě
以圣人望⑥于人，吾未见其尊己也。
是不用一般人的标准来要求自身，却按照圣人的标准去要求别人，我看不出
他们是在尊重自己。

①详：周备，全面。②廉：少。此处为不严格之意。③图：考虑。
④闻：声誉，名望。⑤众人：一般人。待其身：要求自己。⑥望：
期待，要求。

虽然^①，为是者，有本有原^②，怠与忌之

虽然这样，这样做的人是有根源的，那就是他们的懈怠和妒忌。懈

谓也。怠者不能修^③，而忌者畏人修。吾尝试

怠的人不能进行自我修养；而妒忌的人害怕别人修身。我曾经验证过，曾试

之矣，尝试语于众曰："某良士，某良士。"

着在众人面前说："某某是个不错的人，某某是个不错的人。"那些随声附

其应^④者，必其人之与^⑤也；不然，则其所

和的，必定是这个人的朋友；否则，就是跟他关系疏远而没有相同利害冲突

疏远不与同其利者也；不然，则其畏也。不若

的人，或者是畏惧他的人。如果不是这样，那么强者一定会愤怒地说些反对

是，强者必怒于言，懦者必怒于色矣。又尝

的话，软弱的人也必定会在脸上流露出不满的神情。我还试着在众人面前说：

语于众曰："某非良士，某非良士。"其不

"某某不是好人，某某不是好人。"那些不应声的，必定是这人的朋友，要

应者，必其人之与也；不然，则其所疏远不与

不就是跟他疏远没有利害冲突的人；否则，就是畏惧他的人。如果不是这样，

同其利者也；不然，则其畏也。不若是，强者

那么强者一定会高兴地说些赞同的话，软弱的人也必然在脸上流露出喜悦、

必说^⑥于言，懦者必说于色矣。是故事修而谤

赞同的神情。正因为这样，事业成功而诽谤也就随之产生；德望高了而攻击

xīng dé gāo ér huǐ lái wū hū shì zhī chǔ cǐ shì ér wàng míng

兴，德高而毁来。呜呼，士之处此世，而望名

也就随之而来。唉，士人生活在这种世道当中，希望名誉能够传扬，道德能

yù zhī guāng dào dé zhī xíng nán yǐ

誉之光⑦，道德之行，难已！

够推广，实在是太难了！

jiāng yǒu zuò yú shàng zhě dé wú shuō ér cún zhī qí guó jiā

将有作于上者，得吾说而存之，其国家

想要有所作为而高高在上的人们，如果听到我上面的话并牢牢记在

kě jī ér lǐ yú

可几而理⑧欤！

心里，那么国家就差不多能治理好了吧！

①虽然：虽然这样。②原：根源。③修：指品德和学识上的进步。
④应：应和，呼应。⑤与：朋友。⑥说：通"悦"，高兴。⑦光：
光大，昭著。⑧几：差不多。理：治理。

深入浅出读古文

韩愈所生活的中唐时代，士大夫普遍嫉贤妒能，于人求全责备，于己则务求宽容。韩愈以古今君子在待己和待人两方面的不同表现作为对比，分析了毁谤产生的思想根源在于懈怠和嫉妒，高度赞扬了古代君子的处世态度，抨击了当时士大夫"责人宽己"的不良风气。

文章先说明一个人应该如何正确对待自己和对待别人才符合君子之德、君子之风，然后将不合这个准则的行为拿来对照，最后指出其根源及危害性，旨在呼吁当权者纠正这股毁谤歪风，寄托了作者的期望。

全文整体采用对比的写法，将"古之君子"与"今之君子"进行比较，为点出文章主旨做了铺垫。行文严肃而恳切，句式整齐又富有变化，语言生动而形象，刻划当时的士风，可谓入木三分。

知识加油站

叩齿庵

韩愈到潮州做官，在街上碰见一个面相凶恶的和尚，而且两个长牙翻出口外，韩愈觉得他不是好人，想着要敲掉他那长牙。韩愈回到衙门里，看门的人便拿来一个红包，说是济生庵的大颠和尚送来的。韩愈打开一看，里面是一对长牙。韩愈很内疚，自己单凭外貌轻率地评判一个人，枉曲好人，实在不该。于是当堂挥笔书写"叩齿庵"三字并命人送往济生庵。后来韩愈多次致函大颠，与其结下深厚的友谊。济生庵也改名为"叩齿庵"。

师 说
shī shuō

唐 韩愈

古之学者^①必有师。师者，所以传道受

业解惑^②也。人非生而知之者，孰能无惑？

惑而不从师，其为惑也，终不解矣。生乎吾

前，其闻道^③也，固先乎吾，吾从而师之；

生乎吾后，其闻道也，亦先乎吾，吾从而师

古时候求学的人一定要有老师。老师，是传授道理、教授学业

和解答疑难问题的人。人，不是生下来就什么都知道，谁能没有疑惑

呢？有了疑惑，却不向老师请教，那些疑惑就永远得不到解决了。出

生在我之前的，他懂得道理本来就比我早，我向他学习，拜他为师；

出生在我之后的，如果他懂得道理也比我早，我也向他学习，拜他为师。

zhī　wú shī dào　　　yě　　fú yōng　　zhī qí nián zhī xiān hòu shēng yú
之。吾师道④也，夫庸⑤知其年之先后生于
我是从师学习道理，难道还要管他的年纪比我大还是比我小吗？因此，

wú hū　　　shì gù wú guì wú jiàn　　wú zhǎng wú shào　　dào zhī suǒ cún
吾乎？是故无贵无贱，无长无少，道之所存，
不论地位高贵与卑贱，年长与年幼，道理在哪里，老师就在哪里。

shī zhī suǒ cún yě
师之所存也。

①学者：求学的人。②受：通"授"。解惑：解答疑难。③闻道：
懂得道理。④师道：学习道理。师：学习。⑤庸：难道。

jiē hū　　shī dào zhī bù chuán yě jiǔ yǐ　　yù rén zhī wú huò
嗟乎！师道之不传也久矣，欲人之无惑
唉！从师的风尚在世上不流传已经很久了！要想让人们没有疑难

yě nán yǐ　·gǔ zhī shèng rén　　qí chū rén　　yě yuǎn yǐ　　yóu qiě
也难矣。古之圣人，其出人①也远矣，犹且②
困惑也很难了。古代的圣人，他们远远超出一般人，尚且还向老师求教；

cóng shī ér wèn yān　　jīn zhī zhòng rén　　qí xià　　shèng rén yě yì yuǎn
从师而问焉；今之众人③，其下④圣人也亦远
现在的一般人，他们的才智远远低于圣人，反而以向老师学习为耻。因此

yǐ　　ér chǐ　xué yú shī　　shì gù shèng yì shèng　　yú yì yú
矣，而耻⑤学于师。是故圣益圣，愚益愚。
圣人越来越圣明，愚人也越来越无知。圣人之所以为圣人，愚人之所以为

shèng rén zhī suǒ yǐ wéi shèng　　yú rén zhī suǒ yǐ wéi yú　　qí jiē chū
圣人之所以为圣，愚人之所以为愚，其皆出
愚人，原因大概就在这里吧！人们爱自己的孩子，就选择老师来教他，可

yú cǐ hū　ài qí zǐ　zé shī ér jiāo zhī　yú qí shēn yě　zé

于此乎！爱其子，择师而教之，于其身也，则

是对于自己，却以向老师求教为耻，这真是糊涂啊！那些老师，是教孩子

chǐ shī yān　huò yǐ　bǐ tóng zǐ zhī shī　shòu zhī shū ér xí qí jù

耻师焉，惑矣！彼童子之师，授之书而习其句

们读书和如何断句的人，并不是我所说的传授道理、教授学业、解答疑难

dòu zhě yě　fēi wú suǒ wèi chuán qí dào jiě qí huò zhě yě　jù dòu

读者也，非吾所谓传其道解其惑者也。句读

问题的人。读书不会断句，有疑难的问题不能解决，有的向老师请教，有

zhī bù zhī⑥　huò zhī bù jiě　huò shī yān　huò fǒu yān　xiǎo xué

之不知⑥，惑之不解，或师焉，或不焉，小学

的却不向老师请教，小的事情学习了，大的事情反而放弃了，我看不出他

ér dà yí　wú wèi jiàn qí míng yě　wū yī⑦　yuè shī bǎi gōng⑧　zhī

而大遗，吾未见其明也。巫医⑦乐师百工⑧之

们高明在哪里。巫医、乐师和各种工匠，不以互相学习为耻。士大夫这一

rén　bù chǐ xiāng shī　shì dà fū zhī zú　yuē shī yuē dì zǐ yún

人，不耻相师。士大夫之族，曰师曰弟子云

类人，一旦听到有以"老师""弟子"相称的，就聚在一起讥笑人家。问

zhě　zé qún jù ér xiào zhī　wèn zhī　zé yuē　bǐ yǔ bǐ nián

者，则群聚而笑之。问之，则曰："彼与彼年

他们为什么笑，他们就说："他跟他年岁差不多呀，懂得的道理也不相上

xiāng ruò yě　dào xiāng sì yě　wèi bēi zé zú xiū　guān shèng zé

相若也，道相似也！"位卑则足羞，官盛则

下呀。"以地位低的人为师，就会感到羞耻，以官职高的人为师，就被认

jìn yú　wū hū　shī dào zhī bú fù　kě zhī yǐ　wū yī yuè shī

近谀。呜呼！师道之不复，可知矣。巫医乐师

为是谄媚。唉！从师学道的风尚不能恢复的原因，由此便明了了。巫医

bǎi gōng zhī rén　jūn zǐ bù chǐ　jīn qí zhì nǎi fǎn bù néng jí　qí

百工之人，君子不齿，今其智乃反不能及，其

乐师和各种工匠，是士大夫们看不起的，如今士大夫们的才智反而赶不上

kě guài yě yú
可怪也欤！
这些人，这是不是太奇怪了！

① 出人：指超过一般的人。② 犹且：尚且。③ 众人：普通人，一般人。④ 下：不如。⑤ 耻：以……为耻。⑥ 句读之不知：不通晓句读。⑦ 巫医：古时以看病和降神祈祷为业的人。⑧ 百工：各种手艺。

shèng rén wú cháng shī   kǒng zǐ shī tán zǐ   cháng hóng   shī
圣人无常师。孔子师郯子、苌弘、师
圣人并没有固定的老师。孔子曾向郯子、苌弘、师襄、老聃

xiāng   lǎo dān①   tán zǐ zhī tú   qí xián bù jí kǒng zǐ   kǒng zǐ
襄、老聃①。郯子之徒，其贤不及孔子。孔子
求教。他们的贤明并不如孔子。孔子说："几个人一起行走，其中

yuē   sān rén xíng   zé bì yǒu wǒ shī   shì gù dì zǐ bú bì
曰："三人行，则必有我师。"是故弟子不必
一定有可以做我老师的人。"所以学生不一定样样不如老师，老师

bù rú shī   shī bú bì xián yú dì zǐ   wén dào yǒu xiān hòu   shù yè
不如师，师不必贤于弟子，闻道有先后，术业
也不一定样样都比学生高明，懂得道理有早有晚，技艺学问各有专长，

yǒu zhuān gōng②   rú shì ér yǐ
有专攻②，如是而已。
如此而已。

① 郯子：春秋时郯国国君。孔子曾向他请教过关于官吏制度的事情。苌弘：周敬王之大夫。孔子曾向他请教过音乐方面的知识。师襄：春秋时鲁国乐官。孔子曾向他学习弹琴。老聃：即老子。孔子曾向他请教过礼仪方面的事情。② 专攻：专门研究。

lǐ shì zǐ pán　　nián shí qī　　hào gǔ wén　　liù yì jīng zhuàn
李氏子蟠①，年十七，好古文，六艺经 传
李家的孩子名叫李蟠的，十七岁了，喜好古文，对六经的经文和传

jiē tōng xí zhī　　bù jū yú shí　xué yú yú　　　yú jiā　　qí néng xíng
皆通习之，不拘于时，学于余。余嘉②其能行
文都做了全面的研习，他不受当世耻于从师的不良风气的影响，跟从我学习。

gǔ dào　　zuò　shī shuō　　yǐ yí③ zhī
古道，作《师说》以贻③之。
我赞许他能够遵循古人从师学习的做法，因此作了这篇《师说》送给他。

①李氏子蟠：李家的孩子名蟠。李蟠：韩愈的弟子。②嘉：赞许，
嘉奖。③贻：赠。

深入浅出读古文

韩愈所处的时代，正值唐朝中期，当时的士大夫多以向别人从师学习为耻辱。针对这一风气，韩愈写下此文。本文先从正面论说了老师的作用和从师的必要性，之后又重点批判了士大夫耻于从师的恶习，试图纠正这个不正之风。

本文开篇直接说"古之学者必有师"，摆出文章的中心论点，并总论了从师、择师的标准和重要性。第二段极力批判士大夫们耻于从师的风气，凸显了文章的现实意义。在第三段中，作者以孔子从师尊师的事迹，阐明从师的重要性和以能者为师的道理。最后一段，作者以"李氏子蟠"为例，赞扬他"不拘于时""能行古道"，点出了之所以写本文的原因。本文在讥讽、批判士大夫不从师的行为时，分别以古时的圣贤和当时的巫医、乐师、百工等为例，反衬士大夫的荒唐和无知。

知识加油站

名句积累

师者，所以传道受业解惑也。

译文：老师，是传授道理、教授学业和解答疑难问题的人。

三人行，则必有我师。

译文：几个人一起行走，其中一定有可以做我老师的人。

进学解

jìn xué jiě

唐 韩愈

guó zǐ xiān shēng chén rù tài xué ①
国子先生晨入太学①，招诸生立馆下，

国子先生清晨走进太学，把学生们召集到讲堂下面，教导他们说："学

huì ② zhī yuē yè jīng yú qín huāng yú xī xíng chéng yú sī
诲②之曰："业精于勤，荒于嬉；行成于思，

业要靠勤奋才能精深，嬉戏玩乐就会荒废；德行的完善要经过反复深思自省

huǐ yú suí fāng jīn shèng xián xiāng féng zhì jù ③ bì zhāng bá qù
毁于随。方今圣贤相逢，治具③毕张，拔去

才能完成，随随便便就会败毁。如今是圣主与贤臣遇到了一起，法律政令完

xiōng xié dēng chóng ④ jùn liáng zhàn xiǎo shàn zhě shuài ⑤ yǐ lù míng yí
凶邪，登崇④俊良。占小善者率⑤以录，名一

善而又注重执行，朝廷能够铲除奸邪小人，提拔杰出贤能的人士。人只要有

yì zhě wú bù yōng ⑥ pá luó tī jué ⑦ guā gòu mó guāng ⑧ gài
艺者无不庸⑥。爬罗剔抉⑦，刮垢磨光⑧。盖

点儿德行的，就会被录取；有一技之长的没有不被任用的。朝廷还努力地搜罗，

43

yǒu xìng ér huò xuǎn　　shú yún duō ér bù yáng　　zhū shēng yè huàn bù néng

有幸而获选，孰云多而不扬？诸生业患不能

培养人才。只有侥幸获选的，哪里有多才多艺却得不到施展的人呢？你们这

jīng　　wú huàn yǒu sī ⑨ zhī bù míng　　xíng huàn bù néng chéng　　wú huàn

精，无患有司⑨之不明。行患不能成，无患

些学生只须担心自己学业不精进，用不着担心主管部门看不到你们的才能；

yǒu sī zhī bù gōng

有司之不公。"

只须考虑自己的德行有没有完善，用不着担心官员对你们不公！"

① 国子先生：韩愈自称。太学：指国子监，唐代的教育主管机构
和最高学府。② 诲：教导。③ 治具：法令。④ 登崇：举荐推崇。
⑤ 率：皆，都。⑥ 庸：通"用"，录用。⑦ 爬罗剔抉：指搜罗人
才。⑧ 刮垢磨光：指精心培养人才。⑨ 有司：主管部门和官吏。

yán wèi jì ①　　yǒu xiào yú liè zhě yuē　　xiān shēng qī yú

言未既①，有笑于列者曰："先生欺余

话还没说完，队列中有个人笑着说："先生是在骗我们吧。弟子们

zāi　　dì zǐ shì ② xiān shēng　　yú zī yǒu nián yǐ　　xiān shēng kǒu bù

哉！弟子事②先生，于兹有年矣。先生口不

跟着先生学习也有多年了。先生嘴里不停地吟诵六经，手里也不停地翻着诸

jué yín yú liù yì ③ zhī wén　　shǒu bù tíng pī yú bǎi jiā zhī biān ④

绝吟于六艺③之文，手不停披于百家之编④，

子百家之书，对记事的书一定要写出它的纲领，发表议论的一定探究其深藏

jì shì zhě bì tí qí yào　　zuǎn yán zhě bì gōu qí xuán ⑤　　tān duō wù

纪事者必提其要，纂言者必钩其玄⑤。贪多务

的事理。您不知满足，力求多得，不分大小，概不丢弃。点上油灯，夜以继

44

得，细大不捐⑥。焚膏油以继晷⑦，恒兀兀⑧以

日、孜孜不倦地研究。先生对于学业，可以说是勤奋了吧。您抵制异端邪说，

穷年。先生之业，可谓勤矣。觝排异端⑨，攘

贬斥佛家与道家的学说，补充完善儒学的遗漏与不足，阐明其中深奥隐微的

斥佛老⑩。补苴罅漏⑪，张皇幽眇⑫。寻坠绪

道理。寻找那些失传已久的儒学道统，一个人广泛地发掘圣人的遗风并加以

之茫茫，独旁搜而远绍。障百川而东之，回

继承。防范异端邪说就似堵住奔流的河川，引导它们东流入海；挽救儒家学

狂澜于既倒。先生之于儒，可谓劳矣。沉浸

说好似挽回倾泻的狂波，尽管它们已经泛滥。先生对于儒学，可以说是有功

醲郁⑭，含英咀华⑮，作为文章，其书满家。

劳了。您常常沉浸在醇厚如酒的典籍中，细细品味着其中的精华，写起文章

上规姚姒⑯，浑浑无涯⑰，周诰殷盘，佶屈聱

来，一屋子都是书籍。您向上效法虞夏的著作，那是多么广博；周朝的语文、

牙⑱，《春秋》谨严，《左氏》浮夸，《易》

殷朝的盘庚，又是何其晦涩；《春秋》用词严谨；《左传》文辞铺张；《易

奇而法，《诗》正而葩。下逮《庄》《骚》，

经》妙而有法可循；《诗经》情感真挚而文辞华丽；下及《庄子》《离骚》

太史所录，子云、相如⑲，同工异曲。先生之

《史记》，扬雄和司马相如的辞赋，它们虽然风格不同，却有异曲同工之妙。

于文，可谓闳⑳其中而肆其外矣。少始知学，
先生在文章方面，可以说是内容深博而文采恣肆奔放。您年少时就懂得进学

勇于敢为。长通于方，左右具宜。先生之于
求道，敢作敢为。成年后通晓了处世的道理和规矩，处理问题得当。先生的

为人，可谓成矣。然而公不见信于人，私不
为人，也可以说是老成稳重了。然而在朝堂上不能让别人信任，私下又没有

见助于友，跋前疐后㉑，动辄得咎㉒。暂为御
人来帮您，常常是处境困顿，进退两难。您又动不动就被上边责怪，当了御

史，遂窜南夷。三年博士，冗㉓不见治。命与
史没多久，就被贬逐到遥远的南方！当了三年的博士，也只是散官闲职，无

仇谋，取败几时。冬暖而儿号寒，年丰而妻啼
法展现自己的政治才能。命运好像是和仇敌共谋算计自己，自己因而不断地

饥。头童齿豁㉔，竟死何裨㉕？不知虑此，反
遭受挫败和打击。即使是暖冬，孩子们也会因为没有御寒的衣物叫冷；年景

教人为？"
很好的时候，妻子也因为粮食不足而哭哭啼啼。您头发没了，牙齿掉了，到
死又于事何补呢？您不想想这些，还来教训别人，何苦呢？"

①既：完。②事：指学生跟老师学习。③六艺：即《诗》《书》
《礼》《乐》《易》《春秋》儒家六经。④披：翻阅。编：著作。
⑤玄：指玄妙的地方。⑥捐：舍弃。⑦膏油：油脂，指灯烛。晷：
日影。⑧兀兀：辛勤的样子。⑨觝排：抗拒排斥。觝：通"抵"，
抗拒。异端：儒家称儒家以外的学说、学派为异端。⑩攘：排除。

老：这里借指道家。⑪ 补苴：弥补。罅漏：缺漏。⑫ 张皇：张大。
幽眇：精微。⑬ 坠绪：指儒教道统。⑭ 醲郁：浓厚。⑮ 含英咀华：
形容领会、体味文章的精华。⑯ 规：取法。姚姒：这里指《尚书》
中的《虞书》《夏书》。⑰ 浑浑无涯：指深远而没有边际。⑱ 佶
屈聱牙：指文字晦涩难解，不通顺畅达。⑲ 子云：西汉辞赋家扬
雄，字子云。相如：西汉辞赋家司马相如。⑳ 闳：通"宏"，大。
㉑ 跋前疐后：比喻进退困难。㉒ 咎：责备，处分。㉓ 冗：闲散。
㉔ 头童齿豁：头秃齿落。头童：指秃顶。㉕ 裨：益处。

xiān shēng yuē xū zǐ lái qián fú dà mù wéi méng
先生曰："吁，子来前！夫大木为宗①，
先生说："喂，你过来！这粗木料作房梁，细木料当椽子、短柱、短椽，

xì mù wéi jué bó lú zhū rú wēi niè diàn xiē gè
细木为桷②，欂栌③侏儒④，椳闑扂楔⑤，各
做门框、门槛、门栓、门柱等，各自有各自的用处，让它们构成房屋的，那

dé qí yí shī yǐ chéng shì zhě jiàng shì zhī gōng yě yù zhá dān
得其宜，施以成室者，匠氏之工也。玉札丹
是工匠们的技术。地榆、朱砂、天麻、龙芝、牛溲、马勃菌、破鼓皮，兼收

shā chì jiàn qīng zhī niú sōu mǎ bó bài gǔ zhī pí jù
砂，赤箭青芝⑥，牛溲马勃，败鼓之皮，俱
并蓄，一概备用而无所遗漏，这是医师的良术。明断无误地提拔人才，公正

shōu bìng xù dài yòng wú yí zhě yī shī zhī liáng yě dēng míng xuǎn
收并蓄，待用无遗者，医师之良也。登明选
无私地举贤进士，各种人才一齐进用，然后以内敛平和作为美德的标准，超

gōng zá jìn qiǎo zhuō yū yú wéi yán zhuó luò wéi jié jiào
公，杂进巧拙，纡余⑦为妍，卓荦⑧为杰，校
群出众作为俊杰的象征，衡量优劣长短，根据才能合理使用，这是宰相的方

短量长，惟器是适者，宰相之方也。昔者孟
略。从前孟子喜好辩论，孔子的学说被阐明发扬，他的车迹遍于天下，却在

轲好辩，孔道以明，辙环天下，卒老于行。荀
奔走中度过了一生。荀子坚守正道，儒家的大道才得以弘扬光大，可他却因

卿守正，大论是宏，逃谗于楚，废死兰陵⑨。
为躲避谗言而逃奔楚国，最终被废黜，死在兰陵。这两位儒者，说出来的话

是二儒者，吐辞为经，举足为法，绝类离伦⑩，
都被视为经典，举手投足都被看作是标准，他们远远超出常人，已经达到圣

优入圣域，其遇于世何如也。今先生学虽勤
人的境界，但他们在世上的遭遇又如何呢？今天先生我虽然勤奋治学，但还

而不由其统，言虽多而不要其中，文虽奇而不
不能继承道统；言论虽多，却抓不住要害；文章虽然奇妙出众，却少有实用；

济于用，行虽修而不显于众。犹且月费俸钱
举动虽然有些修养，但还不是十分超群出众。尚且还能按月得到俸禄，年年

岁靡廪粟⑪。子不知耕，妇不知织。乘马从
耗费国家的粮食，儿子不懂耕作，妻子不懂纺织，出门骑着马并且有人跟随，

徒，安坐而食。踵常途之役役⑫，窥陈编以盗
安坐在这里有吃有喝。我不过是谨慎地追随着世俗之道，看看古书，东抄西

窃。然而圣主不加诛，宰臣不见斥，非其幸
摘。然而圣明的君主不加以惩罚，宰相大臣不加以斥责，这难道不是先生我

49

欤？动而得谤，名亦随之。投闲置散，乃分之

的幸运吗？虽然动不动就遭人毁谤，但名气也随之大了起来。被安置到闲散

宜。若夫商财贿⑬之有亡，计班资之崇庳⑭，

的官职上，也是理所应当。若还考虑俸禄多少，计较官职高低，忘了自己的

忘己量之所称，指前人之瑕疵⑮，是所谓诘匠

才能与什么样的位置相称，去指摘上司的过失，这就好比质问工匠为什么

氏之不以杙为楹⑯，而訾医师以昌阳⑰引年，

用小木块做大柱子，责怪医师用菖蒲延年益寿，却想叫人用猪苓啊！"

欲进其豨苓⑱也。"

①宗：房屋的大梁。②桷：方形的椽子。③欂栌：柱顶上承托栋梁的方木。④侏儒：短椽。⑤椳：门枢。闑：门橛，古代门中央所竖短木。扂：门栓。楔：门两旁所竖的长木柱。⑥玉札、丹砂、赤箭、青芝：四种名贵药材。⑦纡余：宁静的样子。⑧卓荦：卓越、出众。⑨兰陵：在今山东苍山西南兰陵镇一带。⑩绝类离伦：超越同类。⑪靡：消耗。廪：粮仓。⑫踵：脚后跟，这里是跟随的意思。役役：拘谨局促的样子。⑬财贿：财物。⑭崇庳：高低。⑮瑕疵：指缺点。⑯杙：小木桩。楹：厅堂前部的柱子。⑰訾：诋毁。昌阳：菖蒲。⑱豨苓：猪苓。

深入浅出读古文

文中的"国子先生"是韩愈自己。这篇文章实际是韩愈自叹怀才不遇、抒发愤懑之作。面对学生们的问难，国子先生以孟子、荀子的不得志状况，表现了自己清高自守、不与世俗同流合污的高尚情操。

作者以第三人称叙述老师与学生的对话，立场客观，颇具故事性和说服力。读者通过二者的对话，便能领悟主旨。文章构思巧妙，立意正大，语言诙谐，自我解嘲式的话语体现出坚定的志向和操守。一番自我开解尽显作者的宽宏和儒雅气度，让读者感到趣味横生又深受启发。文中大量运用排比句式，读起来抑扬顿挫、朗朗上口。

知识加油站

成语词汇

业精于勤：指学业的精进在于勤奋。（选自文句："业精于勤，荒于嬉；行成于思，毁于随。"）

含英咀华：比喻读书吸取其精华。（选自文句："沉浸醲郁，含英咀华，作为文章，其书满家。"）

桐叶封弟辨

唐 柳宗元

古之传者有言：成王①以桐叶与小弱弟

古书有这样的记载：周成王把桐叶剪成玉圭的样子和年幼的弟弟开

戏，曰："以封汝。"周公②入贺。王曰：

玩笑，说："这个赏你。"周公跑进来祝贺。成王说："这只是个玩笑。"

"戏也。"周公曰："天子不可戏。"乃封小

周公说："天子不可以随便开玩笑。"成王于是把唐地封给了这个年幼的弟弟。

弱弟于唐③。

① 成王：周武王之子，姓姬，名诵。② 周公：姬姓，名旦，周文王姬昌第四子，周武王姬发的弟弟。武王死后，年幼的成王继位，周公开始辅佐侄儿治理国家。③ 唐：古国名，今属山西。

wú yì bù rán wáng zhī dì dāng fēng yé zhōu gōng yí yǐ shí yán
吾意不然。王之弟当封邪，周公宜以时言

我认为事情不是这样。如果成王的弟弟应当得到封地的话，周公就

yú wáng bú dài qí xì ér hè yǐ chéng zhī yě bù dāng fēng yé
于王，不待其戏而贺以成之也；不当封邪，

应该及时地向成王进言，不应当等到成王开玩笑的时候才去祝贺和促成这件

zhōu gōng nǎi chéng qí bú zhòng zhī xì ① yǐ dì yǐ rén yǔ xiǎo ruò dì
周公乃成其不中之戏①，以地以人与小弱弟

事；如果不该受封，周公就是成全了一句不恰当的戏言，将土地和人民交给

zhě wéi zhī zhǔ qí dé wéi shèng hū qiě zhōu gōng yǐ wáng zhī yán
者为之主，其得为圣乎？且周公以王之言

年幼的弟弟去管理，这样做还能称得上圣人吗？况且周公只是认为君王说

bù kě gǒu ② yān ér yǐ bì cóng ér chéng zhī yé shè yǒu bú
不可苟②焉而已，必从而成之邪？设有不

话不能随便便罢了，有必要一定去促成成王的戏言吗？万一不凑巧，成王

xìng wáng yǐ tóng yè xì fù sì ③ yì jiāng jǔ ér cóng zhī hū
幸，王以桐叶戏妇寺③，亦将举而从之乎？

拿着桐叶跟妃嫔、宦官开玩笑，周公也要表示赞同并且完全照办吗？一般说

fán wáng zhě zhī dé zài xíng zhī hé ruò shè wèi dé qí dàng suī
凡王者之德，在行之何若。设未得其当，虽

到君王的德行，在于他行事的效果是什么样的。如果实行起来并不正确恰当，

shí yì zhī bù wéi bìng ④ yào yú qí dàng bù kě shǐ yì yě
十易之不为病④。要于其当，不可使易也，

即使更改十次也不为过。总之要使行为得当，恰当就不能随意改变，何况桐

ér kuàng yǐ qí xì hū ruò xì ér bì xíng zhī shì zhōu gōng jiāo
而况以其戏乎！若戏而必行之，是周公教

叶封弟这个行为只是一个玩笑呢？倘若玩笑也一定要照办，这就成了周公教

wáng suì guò ⑤ yě
王遂过⑤也。

唉成王犯错误了。

54

① 不中之戏：不适当的游戏。② 苟：轻易，随便。③ 寺：宦官。
④ 病：弊病。⑤ 遂过：铸成过错。

wú yì zhōugōng fǔ chéngwáng　　yí yǐ dào　　cóng róng yōu lè ①
吾意周公辅成王，宜以道，从容优乐①，
我认为周公辅佐成王，应当用正确的原则加以引导，让他的言行举

yào guī zhī dà zhōng ②　ér yǐ　　bì bù féng qí shī ér wèi zhī cí ③
要归之大中②而已，必不逢其失而为之辞③。
止和游戏玩笑都能符合"中庸之道"，一定不能迎合他的错误并且为他掩饰。

yòu bù dāng shù fù zhī　chí zhòu ④ zhī　shǐ ruò niú mǎ rán　jí zé
又不当束缚之，驰骤④之，使若牛马然，急则
也不应当束缚他，驱使他像牛马一样终日忙碌；催逼得太紧，不免坏事。再

bài yǐ　qiě jiā rén fù zǐ shàng bù néng sì cǐ zì kè　kuàng hào wéi
败矣。且家人父子尚不能以此自克，况号为
说，家人父子之间尚且不能用这种方式加以约束，何况是君主和臣子的关系

jūn chén zhě yé　shì zhí xiǎo zhàng fū quē quē ⑤ zhě zhī shì　fēi zhōu
君臣者邪？是直小丈夫缺缺⑤者之事，非周
呢？这不过是庸人和耍小聪明的人干的事，不是周公应当采用的办法，所以

gōng suǒ yí yòng　gù bù kě xìn
公所宜用，故不可信。
说，古书上的记载是不可信的。

① 从容：举止行动。优乐：嬉戏，开玩笑。② 大中：指适当的道理和方法。③ 辞：解释，掩饰。④ 驰骤：驱迫。⑤ 缺缺：耍小聪明的样子。

^{huò yuē}　　^{fēng táng shū}　　^{shǐ yì}　^{chéng zhī}
或曰："封唐叔①，史佚②成之。"

也有记载说："成王封唐地给叔虞这件事，是史官尹佚促成的。"

①唐叔：叔虞，因封于唐，故名。②史佚：周武王时的史官尹佚。

深入浅出读古文

西周初年，周成王说封给幼弟桐叶，其实这只是一句玩笑话。周公忙来恭贺，并说天子的话是不能更改的，成王只好把唐地封给了幼弟。后世评说此事，多支持周公的观点，但是柳宗元却持不同看法。文章以周成王桐叶封弟的故事开头，然后再对此事进行分析，指出帝王言行如果不得当，更改多次也是正常的；然后又阐述了为臣之道，即让君王的言行归于中庸之道；最后指出，桐叶封弟的故事是不可信的。

从表面上看，本文是对"桐叶封弟"的故事进行反驳，其实是表达自己的政治主张，也就是"设未得其当，虽十易之不为病"，这既是对王权的一大挑战，又是柳宗元对国家和天子的一丝期待。

知识加油站

周公吐哺，天下归心

据说周公为了招览天下贤能之士，接见求见之人，即便是在沐浴、在用餐饭，也要握着头发、吐出口中食物，第一时间与求见之人会面。后用"一沐三握发、一饭三吐哺"等表示思贤如渴，礼贤下士，为招纳人才而操心忙碌。

péng dǎng lùn
朋党论

宋 欧阳修

臣闻朋党之说，自古有之，惟幸人君辨
臣听说关于朋党的言论，是自古就有的，只是希望君主能辨别他们

其君子小人而已。大凡君子与君子，以同道
是君子还是小人就好了。大凡君子与君子，是因为所坚持的道义相同才结为

为朋；小人与小人，以同利为朋。此自然之理
朋党；而小人与小人，则是因为所贪图的利益相同才结为朋党，这是很自然

也。
的道理。

然臣谓小人无朋，惟君子则有之。其故
但是，臣以为小人并无朋党，只有君子才有。这是什么原因呢？

何哉？小人所好者利禄也；所贪者货财也。当
小人所喜好的，是功名利禄；所贪图的，是金钱货物。当他们利益相

其同利之时，暂相党引① 以为朋者，伪也。

同的时候，就暂时地互相勾结成为朋党，这是虚假的朋党。等到他们

及其见利而争先，或利尽而交疏，则反相贼

见到利益而争先恐后，或者利益散尽而相互疏远的时候，就会反过来

害②，虽其兄弟亲戚，不能相保。故臣谓小人

互相残害，即使是兄弟亲戚，也无法保全。所以臣以为小人之间并无

无朋，其暂为朋者，伪也。君子则不然。所守

朋党，他们暂时结为朋党，也是虚假的。君子就不是这样。他们坚守

者道义，所行者忠信，所惜者名节③。以之修

的是道义，履行的是忠信，珍惜的是名节。用这些来修身，则志同道

身，则同道而相益；以之事国，则同心而共济④；

合而互相能有所补益；用这些来为国家做事，则能齐心协力把事情办成。

终始如一，此君子之朋也。故为人君者，但

自始至终，始终如一，这就是君子的朋党啊。所以做君主的，只要能

当退⑤ 小人之伪朋，用君子之真朋，则天下治

摒弃小人的假朋党，任用君子的真朋党，那么天下就可以太平安定了。

矣。

①党引：勾结。②贼害：残害。③名节：名誉气节。④济：取

得成功。 ⑤退：排除，排斥。

尧之时，小人共工、驩兜①等四人为一
唐尧的时候，小人共工、驩兜等四人结为一个朋党，君子八

朋，君子八元、八恺②十六人为一朋。舜佐
元、八恺等十六人结为一个朋党。舜辅佐尧，摒弃四凶结成的小人朋

尧，退四凶③小人之朋，而进元、恺君子之
党，而任用八元、八恺结成的君子朋党，唐尧的天下因此得到大治。

朋，尧之天下大治。及舜自为天子，而皋、
等到虞舜自己做了天子，皋陶、夔、稷、契等二十二人同时列于朝堂

夔、稷、契等二十二人，并列于朝，更相称
之上。他们互相举荐，互相谦让，这二十二人结为一个朋党，而虞舜

美，更相推让，凡二十二人为一朋，而舜皆用
使这二十二人全都人尽其才，加以重用，天下也因此得到大治。《尚

之，天下亦大治。《书》曰："纣有臣亿万，
书》上说："商纣王有亿万臣子，是亿万条心；周武王有三千臣子，

惟亿万心；周有臣三千，惟一心。"纣之时，
却是一条心。"纣王的时候，亿万人各存异心，可以说是没有朋党了。

yì wàn rén gè yì xīn   kě wèi bù wéi péng yǐ   rán zhòu yǐ wáng guó
亿万人各异心，可谓不为朋矣，然纣以亡国。
但是纣王却因此而亡国。周武王的臣子，三千人结成一个大朋党，但

zhōu wǔ wáng zhī chén sān qiān rén wéi yí dà péng   ér zhōu yòng yǐ xīng
周武王之臣三千人为一大朋，而周用以兴。
周朝却因此而兴盛。

①共工：尧时的水官，后被尧放逐。驩兜：尧的臣子，为人狠恶，
不畏风雨禽兽。②八元：传说是上古高辛氏的八个有德才的臣子。
八恺：传说是上古高阳氏的八个有德才的臣子。③四凶：旧传共工、
驩兜、鲧、三苗为尧时的"四凶"。

hòu hàn xiàn dì   shí   jìn qǔ tiān xià míng shì qiú jìn zhī   mù
后汉献帝①时，尽取天下名士囚禁之，目
汉献帝的时候，把天下名士都关押起来，把他们视作朋党。等到黄

wéi dǎng rén   jí huáng jīn zéi   qǐ   hàn shì dà luàn   hòu fāng huǐ
为党人。及黄巾贼②起，汉室大乱，后方悔
巾贼寇揭竿而起，汉室大乱，这才后悔醒悟，全数释放了所谓的朋党，可是

wù   jìn jiě   dǎng rén ér shì zhī   rán yǐ wú jiù yǐ
悟，尽解③党人而释之，然已无救矣。
国家却已陷入了无可挽救的地步。

①汉献帝：东汉的亡国之君刘协。②黄巾贼：指东汉末年张角
领导的黄巾军。贼：是对当时农民起义的一种诬称。③解：解除，
赦免。

táng zhī wǎn nián   jiàn qǐ péng dǎng zhī lùn   jí zhāo zōng shí
唐之晚年，渐起朋党之论。及昭宗时，
唐朝末年，逐渐兴起了关于朋党的议论。到了昭宗的时候，竟杀尽

尽杀朝之名士，或投之黄河，曰："此辈清
了朝中的名士，有的被投入黄河，说："这些人自命为清流，应当把他们投

流，可投浊流。"而唐遂亡矣。
到混浊的黄河中去。"唐朝也随之而灭亡了。

夫前世之主，能使人人异心不为朋，莫如
前代的君主，能使臣子人人异心不结为朋党的，谁也不及商纣王；

纣；能禁绝善人为朋，莫如汉献帝；能诛戮清
能禁止贤人结为朋党的，谁也不及汉献帝；诛杀清流之士结成的朋党的，

流之朋，莫如唐昭宗之世，然皆乱亡其国。
哪个朝代也不及唐昭宗时期。然而他们的国家都因为动乱灭亡了。互相

更相称美、推让而不自疑，莫如舜之二十二
举荐、谦让而不猜疑的，谁也不及虞舜的二十二位大臣，虞舜也毫不猜

臣，舜亦不疑而皆用之。然而后世不诮①舜为
疑而任用他们。但是后世并不讥讽虞舜被二十二人的朋党所蒙蔽，却赞

二十二人朋党所欺，而称舜为聪明之圣者，
美虞舜是聪明圣贤的君主。原因就在于他能辨别君子和小人。周武王时，

以能辨君子与小人也。周武之世，举其国之臣
举国上下的臣子三千人结成一个朋党，自古以来结成的朋党，人数之多

三千人共为一朋，自古为朋之多且大莫如周。
和规模之大谁也不及周朝。然而周朝因此而兴盛，就在于贤能的人再多

63

rán zhōu yòng cǐ yǐ xīng zhě　　shàn rén suī duō ér bú yàn②　yě

然周用此以兴者，善人虽多而不厌②也。

也不满足。

①诮：讥讽。②厌：通"餍"，满足。

jiē hū　　zhì luàn xīng wáng zhī jì　　wéi rén jūn zhě　　kě yǐ

嗟呼！治乱兴亡之迹，为人君者，可以

唉！这些历史上兴衰成败的事迹，做君王的可以作为借鉴

jiàn yǐ

鉴矣！

啊！

深入浅出读古文

北宋仁宗庆历年间，范仲淹针对当时国家积贫积弱的现状，进行了一次政治革新，史称"庆历新政"。不过，这次革新遭到保守派的攻击、诬陷。欧阳修支持范仲淹的政治革新，他针对这种情况，写下此文进行反驳。

本文列举历史上的事例，指出"朋党"自古就有，但有君子与小人的区别，论证了人君用小人之朋，则国家乱亡；用君子之朋，则国家兴盛。阐明君主要斥退小人假朋党，而任用君子真朋党。本文结构完整，无论是表达议论，还是提出论据都十分严谨；而段与段之间，也是层次清晰，步步推进，条理井然。全文中心突出，有理有据，剖析透辟。

知识加油站

成语词汇

同心共济：齐心协力，克服困难。（选自文句："以之修身，则同道而相益；以之事国，则同心而共济。"）

治乱兴亡：安定、祸乱、兴盛、衰亡。指国运的各种情况。（选自文句："嗟呼！治乱兴亡之迹，为人君者，可以鉴矣！"）

<ruby>纵<rt>zòng</rt></ruby> <ruby>囚<rt>qiú</rt></ruby> <ruby>论<rt>lùn</rt></ruby>

宋 欧阳修

<ruby>信<rt>xìn</rt></ruby> <ruby>义<rt>yì</rt></ruby> <ruby>行<rt>xíng</rt></ruby> <ruby>于<rt>yú</rt></ruby> <ruby>君<rt>jūn</rt></ruby> <ruby>子<rt>zǐ</rt></ruby> ，<ruby>而<rt>ér</rt></ruby> <ruby>刑<rt>xíng</rt></ruby> <ruby>戮<rt>lù</rt></ruby> ① <ruby>施<rt>shī</rt></ruby> <ruby>于<rt>yú</rt></ruby> <ruby>小<rt>xiǎo</rt></ruby> <ruby>人<rt>rén</rt></ruby> 。<ruby>刑<rt>xíng</rt></ruby> <ruby>入<rt>rù</rt></ruby>

信义只适用于君子，而刑罚诛杀则要施加于小人。按刑法应当

<ruby>于<rt>yú</rt></ruby> <ruby>死<rt>sǐ</rt></ruby> <ruby>者<rt>zhě</rt></ruby> ，<ruby>乃<rt>nǎi</rt></ruby> <ruby>罪<rt>zuì</rt></ruby> <ruby>大<rt>dà</rt></ruby> <ruby>恶<rt>è</rt></ruby> <ruby>极<rt>jí</rt></ruby> ，<ruby>此<rt>cǐ</rt></ruby> <ruby>又<rt>yòu</rt></ruby> <ruby>小<rt>xiǎo</rt></ruby> <ruby>人<rt>rén</rt></ruby> <ruby>之<rt>zhī</rt></ruby> <ruby>尤<rt>yóu</rt></ruby> <ruby>甚<rt>shèn</rt></ruby> <ruby>者<rt>zhě</rt></ruby> <ruby>也<rt>yě</rt></ruby> 。

处死的，一定是罪大恶极的人，是小人中尤其恶劣的。宁可为了信义

<ruby>宁<rt>nìng</rt></ruby> <ruby>以<rt>yǐ</rt></ruby> <ruby>义<rt>yì</rt></ruby> <ruby>死<rt>sǐ</rt></ruby> ，<ruby>不<rt>bù</rt></ruby> <ruby>苟<rt>gǒu</rt></ruby> ② <ruby>幸<rt>xìng</rt></ruby> <ruby>生<rt>shēng</rt></ruby> ，<ruby>而<rt>ér</rt></ruby> <ruby>视<rt>shì</rt></ruby> <ruby>死<rt>sǐ</rt></ruby> <ruby>如<rt>rú</rt></ruby> <ruby>归<rt>guī</rt></ruby> ，<ruby>此<rt>cǐ</rt></ruby> <ruby>又<rt>yòu</rt></ruby> <ruby>君<rt>jūn</rt></ruby>

而死，也不苟且偷生，并且视死如归，这是君子也很难做到的事情。

<ruby>子<rt>zǐ</rt></ruby> <ruby>之<rt>zhī</rt></ruby> <ruby>尤<rt>yóu</rt></ruby> <ruby>难<rt>nán</rt></ruby> <ruby>者<rt>zhě</rt></ruby> <ruby>也<rt>yě</rt></ruby> 。

①刑戮：刑罚或处死。②苟：苟且。

<ruby>方<rt>fāng</rt></ruby> <ruby>唐<rt>táng</rt></ruby> <ruby>太<rt>tài</rt></ruby> <ruby>宗<rt>zōng</rt></ruby> <ruby>之<rt>zhī</rt></ruby> <ruby>六<rt>liù</rt></ruby> <ruby>年<rt>nián</rt></ruby> ，<ruby>录<rt>lù</rt></ruby> <ruby>大<rt>dà</rt></ruby> <ruby>辟<rt>pì</rt></ruby> ① <ruby>囚<rt>qiú</rt></ruby> <ruby>三<rt>sān</rt></ruby> <ruby>百<rt>bǎi</rt></ruby> <ruby>余<rt>yú</rt></ruby> <ruby>人<rt>rén</rt></ruby> ，

贞观六年，唐太宗将三百多名死刑犯人记录在册，放他们回

zòng shǐ huán jiā　　yuē qí zì guī yǐ jiù sǐ　　shì yǐ jūn zǐ zhī nán
纵使还家，约其自归以就死。是以君子之难

家，又约定期限，让他们按期回来接受死刑。这是君子都难于做到

néng　　qī xiǎo rén zhī yóu zhě yǐ　bì néng yě　　qí qiú jí qī　　ér zú
能，期小人之尤者以必能也。其囚及期，而卒

的事情，期待小人中尤其顽劣的那些人能做到就更难了。而到了期

zì guī wú hòu zhě②　　shì jūn zǐ zhī suǒ nán　　ér xiǎo rén zhī suǒ yì
自归无后者②，是君子之所难，而小人之所易

限，那些囚犯都自觉回来了，没有一个超过期限的，这是君子都难

yě　　cǐ qǐ jìn yú rén qíng zāi　　huò yuē　　　　zuì dà è jí③
也，此岂近于人情哉？或曰："罪大恶极③，

于做到，而小人却轻易做到了，这种情况难道合乎人之常情吗？有

chéng xiǎo rén yǐ　　jí shī ēn dé yǐ lín zhī　　kě shǐ biàn ér wéi jūn
诚小人矣，及施恩德以临之，可使变而为君

人说："罪大恶极的，诚然是小人，但将恩德施于他们，就可以使

zǐ　　gài ēn dé rù rén zhī shēn　　ér yí rén zhī sù　　yǒu rú shì zhě
子。盖恩德入人之深，而移人之速，有如是者

其变为君子。恩德深入人心，并能快速地使人改变，就会出现这种

yǐ
矣。"

情况。"

①大辟：死刑。②无后者：没有囚犯逾期。③罪大恶极：形容罪
恶到了极点。

yuē　　tài zōng zhī wéi cǐ　　suǒ yǐ qiú cǐ míng yě　　rán ān
曰：太宗之为此，所以求此名也。然安

但我得说：太宗之所以这样做，就是为了求得好名声。然而谁能

知夫纵之去也，不意其必来以冀免①，所以纵
知道，唐太宗放他们回家，不是因为意料到他们会回来且希望得到赦免，

之乎？又安知夫被纵而去也，不意其自归而
所以才放他们回去呢？谁又能确定，他们被放回家，不是因为自己想着主

必获免，所以复来乎？夫意其必来而纵之，是上
动回来必定能得到赦免，所以才回来的呢？唐太宗料到囚犯们必然回来才

贼②下之情也。意其必免而复来，是下贼上之
放了他们，是居上位的人窥测到了囚犯们的心思；想着自己必能得到赦免

心也。吾见上下交相贼以成此名也，乌有所
而回来，是囚犯们窥测到了居上位者的心思。我只看到他们上下互相窥探

谓施恩德③与夫知信义者哉？不然，太宗施德
揣摩而成就了各自的美名，哪里真有所谓的施恩德和知信义的事呢？不然

于天下，于兹六年矣，不能使小人不为极恶大
的话，太宗施恩德于天下，到这时已经六年了，还是不能让小人不再犯极

罪；而一日之恩，能使视死如归，而存信义，
恶的大罪；而他对囚犯一天的恩德，就能使他们视死如归，心存信义，这

此又不通之论也。
是根本说不通的道理。

①冀免：希望赦免。②贼：用作动词，窥测。③施恩德：指唐太
宗赦免死囚们的死罪。

rán zé hé wéi ér kě　　yuē　zòng ér lái guī　shā zhī wú
然则何为而可？曰：纵而来归，杀之无
那么怎么做才可以呢？我说：放回去的囚犯主动回来，杀而不赦。再

shè　ér yòu zòng zhī　　ér yòu lái　　zé kě zhī wéi ēn dé zhī zhì
赦。而又纵之，而又来，则可知为恩德之致
放回一批囚犯而他们又主动归来，则可以知道是恩德使然了。然而这在现实

ěr　　rán cǐ bì wú zhī shì yě　　ruò fú　　zòng ér lái guī ér shè
尔。然此必无之事也。若夫①纵而来归而赦
中是绝不可能的。如果将囚犯放回去而他们主动归来，然后就赦免了他们，

zhī　　kě ǒu yì wéi zhī ěr　　ruò lǚ wéi zhī　　zé shā rén zhě jiē bù
之，可偶一为之尔。若屡为之，则杀人者皆不
这样做只能是偶尔的行为。如果屡次这样做，那么杀人的人都不被处死，这

sǐ　　shì kě wéi tiān xià zhī cháng fǎ hū　　bù kě wéi cháng zhě　　qí
死，是可为天下之常法乎？不可为常者，其
不就成为天下通行的法律了吗？如果不能作为通行的法律，能算是圣明天子

shèng rén zhī fǎ hū　　shì yǐ yáo　shùn　sān wáng　zhī zhì　　bì
圣人之法乎？是以尧、舜、三王②之治，必
制定的法度吗？所以说，尧、舜、三王对于天下的治理，一定是从人情出发，

běn yú rén qíng　　bú lì yì yǐ wéi gāo　　bú nì qíng yǐ gān yù
本于人情，不立异以为高，不逆情以干誉③。
不把标新立异看作高明，不违背情理以求得名誉。

①若夫：句首语气词，表示另提一事，"至于"的意思。②三王：
夏禹、商汤、周代的武王及文王的合称。③逆情：违背情理。干誉：
求取名誉。

深入浅出读古文

公元632年，唐太宗李世民释放关在牢狱中的死囚共390人，让他们出狱探亲，到期返回。最后，犯人果然如期而归。这件事一直被后人认为是"施恩德"和"知信义"的典范。欧阳修却认为此举不可以作为榜样和典范。

本文首句"信义行于君子，而刑戮施于小人"，是欧阳修的理论依据；次段写自己对唐太宗释放死囚，而死囚甘愿自归这事表示疑惑，将文章引入正题，同时引述了世俗观点；第三段，通过分析唐太宗和死囚犯的心理，否定了世俗观点，并得出"上下交相贼以成此名"的结论；末段强调治国者不能靠这种方法谋取名利。

此文用字精准，篇中只"求名"二字，便将一段佳话驳倒，足见其行文之老辣。

知识加油站

成语词汇

罪大恶极：形容人的罪恶很大。（选自文句："刑入于死者，乃罪大恶极，此又小人之尤甚者也。"）

视死如归：把死看得像回家一样平常，形容不怕牺牲。（选自文句："宁以义死，不苟幸生，而视死如归，此又君子之尤难者也。"）

五代史伶官传序

宋 欧阳修

呜呼！盛衰之理，虽曰天命，岂非人事
唉！盛衰的规律，虽说是天命决定的，难道不是也与人事有关吗？

哉！原庄宗①之所以得天下，与其所以失之
探究庄宗之所以得天下，以及其后来失天下的原因，就可以明白这个道理了。

者，可以知之矣。

①原：推究。庄宗：五代时期后唐开国皇帝李存勖，李克用之子。李存勖善于骑射，文武双全。后于魏州称帝，建立后唐。因横征暴敛，贪图享乐，而招致覆灭。

世言晋王①之将终也，以三矢赐庄宗而
世间传说晋王将要去世的时候，把三支箭赐给庄宗，并且告诉他说：

gào zhī yuē　　liáng②　wú chóu yě　yān wáng③　wú suǒ lì

告之曰："梁②，吾仇也；燕王③，吾所立；

"梁国，是我的仇家；燕王，是我帮他成就了今天的事业；契丹，与我结为

qì dān　　yǔ wú yuē wéi xiōng dì　　ér jiē bèi jìn yǐ guī liáng　cǐ sān

契丹，与吾约为兄弟，而皆背晋以归梁。此三

兄弟。可是他们都背叛了晋国而归附了梁国。这三件事是我的遗恨！现在给

zhě　wú yí hèn yě　　yǔ ěr sān shǐ　ěr qí wú wàng nǎi fù zhī

者，吾遗恨也。与尔三矢，尔其无忘乃父之

你三支箭，你千万不要忘记你父亲未了的心愿！"庄宗接受了这三支箭并把

zhì　zhuāng zōng shòu ér cáng zhī yú miào④　　qí hòu yòng bīng　zé qiǎn

志！"庄宗受而藏之于庙④。其后用兵，则遣

它们保存在宗庙里。其后每逢出征作战，就派手下的官员用一猪一羊去宗庙

cóng shì yǐ yī shào láo⑤　gào miào　qǐng qí shǐ　chéng yǐ jǐn náng　fù

从事以一少牢⑤告庙，请其矢，盛以锦囊，负

祭告，并请出那些箭，用锦囊装了，让人背着走在队伍的前面，等到凯旋再

ér qián qū　　jí kǎi xuán ér nà zhī

而前驱，及凯旋而纳之。

把箭放回庙里。

①晋王：后唐太祖李克用，因为帮助唐朝镇压黄巢起义有功，封晋王。②梁：指后梁太祖朱温。③燕王：指刘守光。公元909年朱全忠封他为燕王。后背晋归梁。④庙：指宗庙，古代帝王祭祀祖先的地方。⑤少牢：用一猪一羊祭祀。

fāng qí xì yān fù zǐ yǐ zǔ①　hán liáng jūn chén zhī shǒu　　rù

方其系燕父子以组①，函梁君臣之首，入

当庄宗用绳索捆绑起燕王父子，用匣子盛了梁国君臣的首级，献入

于太庙，还矢先王，而告以成功。其意气之

宗庙，把箭放回先王的灵位前，向先王的在天之灵禀报得胜的消息的时候，

盛，可谓壮哉！及仇雠②已灭，天下已定，

他的气势，可以说是豪壮啊！等到仇敌已经消灭，天下已经平定，一个人在

一夫③夜呼，乱者四应，仓皇东出，未见贼

夜间发难，叛乱的人就四处响应，以致仓皇向东逃出，没见到贼寇而军队就

而士卒离散。君臣相顾，不知所归，至于誓天

已经溃散了。君臣们互相看着，不知该向何处去，剪断头发对天发誓，泪水

断发，泣下沾襟，何其衰也！岂得之难而失

沾湿了衣裳，这又是何等衰败啊！难道是因为取得天下艰难而失去天下容易

之易欤④？抑本⑤其成败之迹，而皆自于人

吗？还是成败的转换，都出自人为的原因呢？

欤？

①组：指绳索。②仇雠：仇敌。③一夫：指发动兵变的军士皇甫
晖。④欤：表疑问的语气助词。⑤抑：表转折的连词，相当于"或
者""还是"。本：考察。

《书》① 曰："满招损，谦得益。"忧劳
_{shū} _{yuē} _{mǎn zhāo sǔn} _{qiān dé yì} _{yōu láo}

《尚书》上说："自满招致灾祸，谦虚得到益处。"忧虑和勤劳可

可以兴国，逸豫② 可以亡身，自然之理也。故
以振兴国家，安逸和享乐可以使自身灭亡，这是自然的道理啊。因此当庄宗

方其盛也，举③ 天下之豪杰莫能与之争；及
兴盛的时候，全天下的豪杰没有能与他争雄的；到他衰败的时候，几十个乐

其衰也，数十伶人困之而身死国灭，为天下
工来围困他就导致其身死国灭，被天下所讥笑。可见祸患常常是从细微小事

笑。夫祸患常积于忽微④，而智勇多困于所
上积聚起来的，而聪明勇敢的人又常常会沉溺于个人喜好之中，被其迷惑而

溺，岂独伶人也哉？
陷入困境，难道仅是乐工造成的祸患吗？

①《书》：《尚书》，是儒家五经之一。②逸豫：安逸。③举：全、
所有。 ④忽微：形容细小之事。

75

━━━━━━ 深入浅出读古文 ━━━━━━

五代后唐时期，庄宗李存勖宠幸乐工，致使朝政荒废，后唐由盛转衰。欧阳修在文中除了叙说这段史实之外，还总结出"忧劳可以兴国，逸豫可以亡身"的历史教训。

这篇文章用语十分精妙，如写庄宗每逢打仗，都要去太庙祭祀取箭，用"遣""告""请""盛""负""纳"等词，生动刻画了庄宗不忘父亲遗命；大仇得报后，又用"系""入""还矢""告"等词，呈现了后唐的兴盛情状。写庄宗的得意之状，也与后面的"衰"形成鲜明对比，突出盛衰无常的主题。文末"忧劳可以兴国""祸患常积于忽微"二句，可谓鞭辟入里，告诫后世统治者要居安思危，不要贪图安逸。

知识加油站

契丹族

契丹族是中国古代北方草原上的游牧民族，发源于中国东北地区。916 年，契丹族首领耶律阿保机称帝，国号"契丹"。全盛时，其疆域东到日本海，西至阿尔泰山，北到额尔古纳河、大兴安岭一带，南到河北省南部的白沟河。1115 年，辽国灭亡。

guǎn zhòng lùn

管 仲 论

宋 苏洵

作者档案

苏洵（1009年—1066年），眉州眉山（今四川眉山）人。宋仁宗嘉祐初年与两个儿子苏轼、苏辙同到京师，为欧阳修、韩琦所赏识，荐于朝廷，任秘书省校书郎、文安县主簿等职，参与编撰《太常因革礼》，书成而卒。其文章长于策论，其政论、史论纵横开阖，行文简洁而有情致。"唐宋八大家"之一，与其子苏轼、苏辙合称"三苏"。著有《嘉祐集》。

guǎn zhòng　　 xiàng wēi gōng　 bà zhū hóu　 rǎng yí dí　 zhōng qí

管仲[1]相威公，霸诸侯，攘夷狄，终其
管仲做丞相辅佐齐桓公的时候，齐国称霸诸侯，打击了夷狄等强敌。

shēn qí guó fù qiáng　　 zhū hóu bù gǎn pàn　 guǎn zhòng sǐ　 shù diāo

身齐国富强，诸侯不敢叛。管仲死，竖刁、
在他活着的时候，齐国一直富强，诸侯也不敢背叛。管仲死后，竖刁、易牙、

yì yá　　kāi fāng ② yòng，wēi gōng hōng ③ yú luàn，wǔ gōng zǐ zhēng
易牙、开方②用，威公薨③于乱，五公子争

开方受到重用，齐桓公在内乱中死去，五个公子争夺王位，祸患蔓延开来，

lì，qí huò màn yán，qì jiǎn gōng，qí wú níng suì
立，其祸蔓延，讫简公，齐无宁岁。

一直到齐简公时，齐国没有一年安宁过。

① 管仲：名夷吾，字仲，春秋时政治家，帮助齐桓公成为春秋五
霸之一。② 竖刁、易牙、开方：齐桓公的三个宠臣。③ 威公：指
齐桓公。这里改桓为威，是为避宋钦宗赵桓名讳的缘故。薨：古
代称诸侯之死。

fú gōng zhī chéng，fēi chéng yú chéng zhī rì　　gài bì yǒu suǒ yóu
夫功之成，非成于成之日，盖必有所由

功业的完成，不是成就于成功的那一天，一定有它的缘由；灾祸的

qǐ　　huò zhī zuò　　bú zuò yú zuò zhī rì　　yì bì yǒu suǒ yóu zhào
起；祸之作，不作于作之日，亦必有所由兆。

发生，不是发生在它实际发生的那一天，也一定有它的由来和征兆。所以齐

gù qí zhī zhì yě　　wú bù yuē guǎn zhòng　　ér yuē bào shū ①　　jí qí
故齐之治也，吾不曰管仲，而曰鲍叔①。及其

国得到治理，我不说是管仲的功劳，而要说功在推荐管仲的鲍叔。后来齐国

luàn yě　　wú bù yuē shù diāo　　yì yá　　kāi fāng　　ér yuē guǎn zhòng
乱也，吾不曰竖刁、易牙、开方，而曰管仲。

发生了动乱，我不说是因为竖刁、易牙、开方掌权所致，而说过在管仲。为

hé zé？shù diāo　　yì yá　　kāi fāng sān zǐ，bǐ gù luàn rén guó
何则？竖刁、易牙、开方三子，彼固乱人国

什么这样说呢？竖刁、易牙、开方三个人，他们固然是使国家混乱的奸佞，

zhě　　gù qí yòng zhī zhě　　wēi gōng yě　　fú yǒu shùn ér hòu zhī fàng sì
者，顾其用之者，威公也。夫有舜而后知放四
但是起用他们的人，则是齐桓公。有了舜这样的贤人而后才知道放逐四凶，

xiōng②　　yǒu zhòng ní ér hòu zhī qù shào zhèng mǎo③　　bǐ wēi gōng hé
凶②，有仲尼而后知去少正卯③。彼威公何
有了孔子这样的圣人而后才知道除掉少正卯。那齐桓公是个什么人呢？回头

rén yě　　gù qí shǐ wēi gōng dé yòng sān zǐ zhě　　guǎn zhòng yě　　zhòng
人也？顾其使威公得用三子者，管仲也。仲
再看，使齐桓公起用这三个人的，是管仲啊。管仲卧病不起的时候，桓公问

zhī jí yě　　gōng wèn zhī xiàng　　dāng shì shí yě　　wú yǐ zhòng qiě jǔ
之疾也，公问之相。当是时也，吾以仲且举
他谁可以继他为相。这个时候，我想管仲会推举天下的贤才来回答齐桓公，

tiān xià zhī xián zhě yǐ duì　　ér qí yán nǎi bú guò yuē　　shù diāo　　yì
天下之贤者以对，而其言乃不过曰：竖刁、易
但他回答的只不过是"竖刁、易牙、开方这三个人不合人情，不可与他们亲

yá　　kāi fāng sān zǐ　　fēi rén qíng　　bù kě jìn ér yǐ
牙、开方三子，非人情，不可近而已。
近"而已。

①鲍叔：鲍叔牙的别称，春秋时齐国大夫。他知人善用，管仲就
是由他推荐的。②四凶：指尧舜时代的鲧、共工、驩兜、三苗。
③少正卯：春秋时鲁国大夫。据史书记载，孔子在鲁国任司寇时
将少正卯杀害，但也有说此说法乃无稽之谈。

wū hū　zhòng yǐ wéi wēi gōng guǒ néng bú yòng sān zǐ yǐ hū

呜呼！仲以为威公果能不用三子矣乎？

唉！管仲以为齐桓公当真不会任用这三个人吗？管仲与齐桓公

zhòng yǔ wēi gōng chǔ　jǐ nián yǐ　　yì zhī wēi gōng zhī wéi rén yǐ hū

仲与威公处几年矣，亦知威公之为人矣乎？

相处好多年了，也应当知道齐桓公的为人吧？齐桓公的耳朵离不了音

wēi gōng shēng bù jué yú ěr　　sè bù jué yú mù　　ér fēi sān zǐ zhě

威公声不绝于耳，色不绝于目，而非三子者，

乐，眼睛也离不了美人，若不是这三个人，齐桓公便无从满足自己的

zé wú yǐ suì qí yù　　bǐ qí chū zhī suǒ yǐ bú yòng zhě　　tú yǐ yǒu

则无以遂其欲。彼其初之所以不用者，徒以有

欲望。齐桓公当初之所以不起用他们，只不过是因为有管仲在罢了。

zhòng yān ěr　　yí rì wú zhòng　　zé sān zǐ zhě kě yǐ tán guān ér xiāng

仲焉耳。一日无仲，则三子者可以弹冠而相

一旦管仲不在了，这三人就可以弹冠相庆了。管仲难道以为自己临终

qìng ①　yǐ　　zhòng yǐ wéi jiāng sǐ zhī yán　　kě yǐ zhí　　wēi gōng zhī shǒu

庆①矣。仲以为将死之言，可以絷②威公之手

前的几句话，就可束缚住齐桓公了吗？齐国不担心有这么三个人，担

zú yé　　fú qí guó bú huàn yǒu sān zǐ　　ér huàn wú zhòng　　yǒu zhòng

足耶？夫齐国不患有三子，而患无仲。有仲，

心的是失去了管仲。管仲在世，这三个人只不过是匹夫而已。如果不

zé sān zǐ zhě　　sān pǐ fū ěr　　bù rán　　tiān xià qǐ shǎo sān zǐ zhī

则三子者，三匹夫耳。不然，天下岂少三子之

是这样，天下难道还会少有像竖刁、易牙、开方这三个小人那样的人

tú zāi　　suī wēi gōng xìng ér tīng zhòng　　zhū cǐ sān rén　　ér qí yú

徒哉？虽威公幸而听仲，诛此三人，而其余

吗？即使齐桓公侥幸听从了管仲的意见，杀了这三个人，但是剩下的

zhě　　zhòng néng xī shù ér qù zhī yé　　wū hū　　zhòng kě wèi bù zhī

者，仲能悉数而去之耶？呜呼！仲可谓不知

奸佞之徒，管仲能悉数除去吗？唉！管仲可以说是个不知道从根本着

běn zhě yǐ　yīn wēi gōng zhī wèn　jǔ tiān xià zhī xián zhě yǐ zì dài
本者矣。因威公之问，举天下之贤者以自代，
眼的人。如果借齐桓公问话的机会，荐举天下的贤才来替代自己，那

zé zhòng suī sǐ　ér qí guó wèi wéi wú zhòng yě　fú hé huàn sān zǐ
则仲虽死，而齐国未为无仲也。夫何患三子
么即使管仲死了，齐国也并不算是失去了管仲。这三个人又有什么可

zhě　bù yán kě yě
者？不言可也。
怕的呢？其中的道理不说也可以明白啊！

① 弹冠而相庆：据《汉书·王吉传》记载，王吉和贡禹是朋友，
二人取舍相同，世称"王吉在位，贡禹弹冠"。这里指即将做官，
朋友也互相庆贺将有官做。弹冠：弹去帽子上的灰尘。② 絷：束缚。

wǔ bà mò shèng yú wēi · wén ①　wén gōng zhī cái　bú guò
五伯莫盛于威、文 ①。文公之才，不过
春秋五霸中没有能胜过齐桓公、晋文公的了。晋文公的才能不如

wēi gōng　qí chén yòu jiē bù jí zhòng　líng gōng ② zhī nüè　bù rú xiào
威公，其臣又皆不及仲。灵公 ② 之虐，不如孝
齐桓公，他的臣子又都不如管仲。晋灵公暴虐，不如齐孝公待人宽厚。然

gōng ③ zhī kuān hòu　wén gōng sǐ　zhū hóu bù gǎn pàn jìn　jìn xí wén
公 ③ 之宽厚。文公死，诸侯不敢叛晋。晋袭文
而晋文公死后，诸侯不敢背叛晋国，晋国承袭了晋文公的余威，还能在文

gōng zhī yú wēi　yóu dé wéi zhū hóu zhī méng zhǔ bǎi yú nián　hé zhě
公之余威，犹得为诸侯之盟主百余年。何者？
公死后的100多年时间里称霸。这是为什么呢？晋国后来的国君虽然不贤

qí jūn suī bú xiào ④　ér shàng yǒu lǎo chéng rén ⑤ yān　wēi gōng zhī
其君虽不肖 ④，而尚有老成人 ⑤ 焉。威公之
明，却还有老成干练的大臣存在；而齐桓公一死，齐国就一败涂地，这是

薨也，一败涂地，无惑也。彼独恃一管仲，而
毫无疑问的。因为齐国仅仅依靠一个管仲，可是管仲已经死了。

仲则死矣。

① 五伯：即春秋五霸。文：指晋文公重耳。② 灵公：即晋灵公。
③ 孝公：即齐孝公。④ 肖：贤明。⑤ 老成人：指经验多、办事稳
重的人。

夫天下未尝无贤者，盖有有臣而无君者
天下并不是没有贤能的人，往往只是存在着贤臣却没有圣明的君主。

矣。威公在焉，而曰天下不复有管仲者，吾
齐桓公在世的时候，说天下不再有管仲这样的人才了，我不相信。管仲著的《管

不信也。仲之书，有记其将死，论鲍叔、宾
子》一书中，记载着管仲临终前评论鲍叔、宾胥无的为人，并且分列列举了

胥无①之为人，且各疏其短。是其心以为数子
他们各自的缺点。这说明在他的心中，这几个人都不足以托付国家重任。而

者，皆不足以托国。而又逆知②其将死，则其
管仲又预料到自己快要死了，那么《管子》这部书实在是荒诞不足信。我看

书诞谩不足信也。吾观史鳅③，以不能进蘧伯
史鳅这人，因为不能举荐蘧伯玉、摒弃弥子瑕，所以在死后用尸首进行劝谏；

yù ér tuì mí zǐ xiá gù yǒu shēn hòu zhī jiàn xiāo hé qiě sǐ
玉而退弥子瑕，故有身后之谏。萧何④且死，

汉丞相萧何临终之前，推荐曹参来替代自己。大臣的用心，本来就应该是这

jǔ cáo shēn yǐ zì dài dà chén zhī yòng xīn gù yí rú cǐ yě fú
举曹参以自代。大臣之用心，固宜如此也。夫

样的啊。一个国家往往因为一个人兴盛，也因为一个人而衰亡。贤者并不悲

guó yǐ yì rén xīng yǐ yì rén wáng xián zhě bù bēi qí shēn zhī sǐ
国以一人兴，以一人亡。贤者不悲其身之死，

伤自己的死去，而是忧虑国家因为自己的死去而衰败，所以一定要找到贤者

ér yōu qí guó zhī shuāi gù bì fù yǒu xián zhě ér hòu kě yǐ sǐ
而忧其国之衰，故必复有贤者，而后可以死。

接替自己，然后才能安心地死去。那管仲，凭什么就这样撒手而去了呢？

bǐ guǎn zhòng zhě hé yǐ sǐ zāi
彼管仲者，何以死哉？

①宾胥无：齐国大夫。②逆知：预料。③史鳅：字子鱼，春秋时
卫国大夫。④萧何：人名，西汉初年丞相。

深入浅出读古文

此文是苏洵写的一篇关于齐国丞相管仲的史论。本文一反前人的观点，对管仲提出了质疑和责备。苏洵认为，管仲使齐国强盛，却未能使齐国的强盛长久维持，原因就在于他临终的时候没有向桓公推荐贤才代替自己，导致齐桓公被小人迷惑，齐国因此陷入内乱。

文章的立论标新立异，开头写用人问题关系到国家兴衰，为下文设下伏笔。接着指出管仲的过失，并将晋文公和齐桓公进行对比，指出君主贤明与否关乎国运。末尾提出了自己的为政之道。收尾处一句"彼管仲者，何以死哉"，语意深邃，耐人寻味。

本文风格纵横恣肆，全篇多用反问、排比的句式，气势雄峻。用笔字字精练，句句有神。

知识加油站

成语词汇

弹冠相庆：指官场中一人当了官或升了官，同僚们就互相庆贺将有官可做；亦用于指即将做官而互相庆贺。后用来形容坏人得意的样子。（选自文句："一日无仲，则三子者可以弹冠而相庆矣。"）

一败涂地：形容彻底失败，无法收拾局面。（选自文句："威公之薨也，一败涂地，无惑也。"）

范增论
fàn zēng lùn

宋 苏轼

汉用陈平①计，间疏楚君臣②。项羽疑范

汉高祖刘邦用陈平的计策，离间楚国君臣，使他们相互疏远。项羽

增与汉有私，稍夺其权。增大怒曰："天下事

怀疑范增与汉勾结，就逐渐削减他的权力。范增大怒说："天下的事已经基

大定矣，君王自为之，愿赐骸骨归卒伍。"归

本平定了，以后您自己处理吧，希望您开恩准我这把老骨头回乡去吧。"可

未至彭城，疽③发病死。苏子曰："增之去善

是他还没有回到彭城，就因背上毒疮发作而死。苏轼说："范增走得很对呀。

矣。不去，羽必杀增，独恨其不早耳。"

如果不走，项羽必定会杀他。只是遗憾他没有早些走掉。"

① 陈平：汉初政治家。他原本在项羽帐下听用，后来因为项羽对他不重视，转投刘邦，是刘邦的重要谋臣。② 间疏楚君臣：指刘邦用陈平之计除掉项羽谋士范增一事。 ③ 疽：毒疮。

rán zé dāng yǐ hé shì qù　zēng quàn yǔ shā pèi gōng　yǔ bù
然则当以何事去？增劝羽杀沛公，羽不
那么，范增应该因何事离开呢？范增曾劝项羽杀掉刘邦，项羽不

tīng　zhōng yǐ cǐ shī tiān xià　dāng yú shì qù yé　yuē　fǒu
听，终以此失天下，当于是去耶？曰："否。"
听，最终因此而失掉了天下，那么范增应当在这个时候离开吗？回答说：

zēng zhī yù shā pèi gōng　　rén chén zhī fèn yě　　yǔ zhī bù shā　yóu
增之欲杀沛公，人臣之分也。羽之不杀，犹
"不是的。"范增想要杀掉刘邦，是做臣子的职责。项羽不同意杀刘邦，

yǒu jūn rén zhī dù yě　zēng hé wèi yǐ cǐ qù zāi　《yì》　yuē
有君人之度也。增曷为以此去哉？《易》曰：
也还是有君主的度量的。范增为什么要因为这件事而离去呢？《易经》上

　zhī jǐ① 　qí shén hū　　shī　yuē　　xiàng bǐ yǔ xuě
"知几① 其神乎！"《诗》曰："相彼雨雪，
说："能发现事情的征兆，难道不是最聪明的吗？"《诗经》上说："天

xiān jí wéi xiàn② 　　zēng zhī qù　dāng yú yǔ shā qīng zǐ guàn jūn③
先集维霰② 。"增之去，当于羽杀卿子冠军③
要下雪，先凝结的总是微小的雪珠。"范增的离开，应该在项羽杀宋义的

shí yě　chén shè④ 　zhī dé mín yě　yǐ xiàng yàn　fú sū⑤
时也。陈涉④ 之得民也，以项燕、扶苏⑤ 。
时候。陈胜之所以得到人民拥护，是因为以受人尊敬的项燕和扶苏的名义

xiàng shì zhī xīng yě　yǐ lì chǔ huái wáng sūn xīn⑥ 　ér zhū hóu pàn zhī
项氏之兴也，以立楚怀王孙心⑥ 。而诸侯叛之
来号召起义。项家的兴起，是因为立了楚怀王的孙子熊心为义帝；而后诸

也，以弑义帝。且义帝之立，增为谋主矣。义
侯反叛项羽，是因为他杀了义帝。况且立义帝，范增是主谋，义帝的存亡，

帝之存亡，岂独为楚之盛衰，亦增之所与同祸
不只是关系到楚国的盛衰，与范增的祸福也是联系在一起的啊。没有义帝

福也。未有义帝亡而增独能久存者也。羽之杀
死了而范增能独自长久存在的道理。项羽杀死宋义，是杀义帝的先兆；而

卿子冠军也，是弑义帝之兆也。其弑义帝，则
他杀害义帝，则是对范增产生怀疑的开始，还用得着一定要等陈平来离间

疑增之本也，岂必待陈平哉？物必先腐也，而
吗？物体一定是先腐烂了，然后才生出虫子来；人一定是先有了疑心，然

后虫生之；人必先疑也，而后谗入之。陈平
后才会听信谗言。陈平虽然聪明，又怎么能够离间得了用人不疑的君主

虽智，安能间无疑之主哉？
呢？

①几：微小。②霰：小雪珠。③卿子冠军：宋义。④陈涉：名胜，
秦末农民起义领袖。⑤项燕：项羽的祖父。扶苏：秦始皇的长子。
⑥心：即楚怀王的孙子熊心。他被项羽的叔父项梁立为怀王，后
又被项羽尊为义帝。公元前205年，他被项羽派人刺死在郴州。

wú cháng lùn yì dì　　tiān xià zhī xián zhǔ yě　　dú qiǎn pèi gōng

吾尝论义帝，天下之贤主也。独遣沛公
我曾评论义帝是天下的贤主，他只派刘邦率兵入关，而不派项羽去；

rù guān　　bù qiǎn xiàng yǔ　　shí qīng zǐ guàn jūn yú chóu rén zhī zhōng

入关，不遣项羽；识卿子冠军于稠人之中，
他从众多的武将之中发现宋义，提拔他为上将军。不贤明的话能够这样吗？

ér zhuó yǐ wéi shàng jiàng　　bù xián ér néng rú shì hū　　yǔ jì jiǎo shā①

而擢以为上将。不贤而能如是乎？羽既矫杀①
项羽既然假托义帝的命令杀了宋义，义帝对此一定是无法忍受的。不是项羽

qīng zǐ guàn jūn　　yì dì bì bù néng kān　　fēi yǔ shì dì　　zé dì

卿子冠军，义帝必不能堪。非羽弑帝，则帝
杀掉义帝，就是义帝杀掉项羽，这是不需要有智慧的人分析就能知道的事。

shā yǔ　　bú dài zhì zhě ér hòu zhī yě　　zēng shǐ quàn xiàng liáng② lì

杀羽。不待智者而后知也。增始劝项梁②立
范增起初劝项梁拥立义帝，诸侯因此服从命令，而中途杀死义帝，这不是范

yì dì　　zhū hóu yǐ cǐ fú cóng　　zhōng dào ér shì zhī　　fēi zēng zhī yì

义帝，诸侯以此服从；中道而弑之，非增之意
增的意思。这不仅不是他的意思，他还极力反对此事，而项羽却不听。不听

yě　　fú qǐ dú fēi qí yì　　jiāng bì lì zhēng ér bù tīng yě　　bú yòng

也。夫岂独非其意，将必力争而不听也。不用
他的意见，杀死了他所立的义帝，项羽对范增的怀疑，必定是从这个时候开

qí yán ér shā qí suǒ lì　　yǔ zhī yí zēng　　bì zì shì shǐ yǐ

其言而杀其所立，羽之疑增，必自是始矣。
始的。

①矫杀：项羽杀宋义后，对外宣称，自己是受到怀王的命令才将
他诛杀的。矫：假托。②项梁：楚名将项燕之子，项羽叔父，始
立楚怀王熊心者。

fāng yǔ shā qīng zǐ guàn jūn　　zēng yǔ yǔ bǐ jiān ér shì yì dì
方羽杀卿子冠军，增与羽比肩而事义帝，
当项羽杀死宋义的时候，范增与项羽共同侍奉义帝，君臣的名分还

jūn chén zhī fèn wèi dìng yě　　wèi zēng jì zhě　　lì néng zhū yǔ zé zhū
君臣之分未定也。为增计者，力能诛羽则诛
没有确定。为范增考虑，如果力量允许杀掉项羽就杀掉他，不能杀掉他就离

zhī　　bù néng zé qù zhī　　qǐ bú yì rán dà zhàng fū yě zāi　　zēng
之，不能则去之，岂不毅然大丈夫也哉？增
开他，这难道不是刚毅果敢的大丈夫吗？当时范增已经是七十多岁的年纪了，

nián yǐ qī shí　　hé zé liú　　bù hé zé qù　　bù yǐ cǐ shí míng qù
年已七十，合则留，不合则去。不以此时明去
能与项羽意见相合就在一起，不合就离开。不在这时候弄清去还是留，还想

jiù zhī fēn　　ér yù yī yǔ yǐ chéng gōng míng　　lòu yǐ　　suī rán
就之分，而欲依羽以成功名，陋矣！虽然，
要倚仗项羽功成名就，这是见识短浅啊！虽然如此，范增，也是汉高祖刘邦

zēng　　gāo dì zhī suǒ wèi yě　　zēng bú qù　　xiàng yǔ bù wáng　　wū
增，高帝之所畏也。增不去，项羽不亡。呜
所畏惧的。范增不离开，项羽就不会灭亡。唉！范增也确实是人中豪杰呀！

hū　　zēng yì rén jié yě zāi
呼，增亦人杰也哉！

————————— 深入浅出读古文 —————————

　　这篇文章是苏轼对项羽的谋臣范增的一段评论。文中，苏轼并没有讨论范增的功过是非，而是就他该在何时离开项羽展开评说。文章在开始的时候引入《史记·项羽列传》中的叙述，后面的"独恨其不早尔"是全文叙述的中心，之后层层推进，表达了对范增的同情，也侧面说明了项羽必亡的道理。

　　在写作方法上，本文多设问答，有很强的逻辑性。大量使用反问句式，来推测范增去留的各种可能，笔调变幻无端，抑扬顿挫。作者还通过怀王、宋义、范增三者的关系，阐明了范增忠诚而被怀疑，最终客死彭城的必然性。

❀知识加油站❀

范增

　　范增，著名的谋士、政治家，西楚霸王项羽的主要谋士。

　　范增早年投奔项梁，跟随项羽参加巨鹿之战，攻破关中，屡献奇谋，被项羽尊为"亚父"，后被封为历阳侯。鸿门宴时，范增多次示意项羽杀刘邦，劝说项庄舞剑，借机行刺刘邦，终未成功。后来，陈平施展离间计，使范增遭到项羽猜忌，因此辞官归家，途中病死。

留侯论
liú hóu lùn

宋 苏轼

gǔ zhī suǒ wèi háo jié zhī shì　　bì yǒu guò rén zhī jié①　　rén

古之所谓豪杰之士，必有过人之节①，人

古代被称为豪杰的人，一定有超过常人的气度节操，能承受一般人

qíng yǒu suǒ bù néng rěn zhě　　pǐ fū jiàn rǔ②　　bá jiàn ér qǐ　　tǐng

情有所不能忍者。匹夫见辱②，拔剑而起，挺

在感情上不能忍受的事。一个普通人一旦受到侮辱，就要拔剑而起，挺身相

shēn ér dòu　　cǐ bù zú wéi yǒng yě　　tiān xià yǒu dà yǒng zhě　　cù rán③

身而斗，此不足为勇也。天下有大勇者，卒然③

斗，这些是不足以称大勇的。天下那些有大勇的人，遇到意外而不惊慌，无

lín zhī ér bù jīng　　wú gù jiā zhī ér bú nù　　cǐ qí suǒ xié chí④

临之而不惊，无故加之而不怒，此其所挟持④

故受到侮辱而不愤怒，这是因为他们胸怀的抱负很大、志向高远呀！

zhě shèn dà　　ér qí zhì shèn yuǎn yě

者甚大，而其志甚远也。

①节：节操、操守。②匹夫：泛指平常人。见辱：受到侮辱。

③卒然：突然间。卒：通"猝"。④挟持：指抱负。

夫子房受书于圯^①上之老人也，其事甚

当年张良从那位坐在桥上的老人手里接过兵书，这件事想来很是奇

怪。然亦安知其非秦之世，有隐君子者出而试

怪。然而又怎么知道这不是秦朝某位隐居的贤人，来故意试探张良呢？看那

之？观其所以微见其意者，皆圣贤相与警戒

老人隐约表现的心意，都是圣贤们相互提醒戒备的道理，而世人却不明白

之义，而世不察，以为鬼物，亦已过矣。且其

以为桥上的老人是神仙，这已经是荒谬的了。况且老人的真实用意也并不在

意不在书。当韩之亡、秦之方盛也，以刀锯

授书这件事上。当韩国灭亡、秦国正强大的时候，用刀、锯、鼎、镬来迫害

鼎镬^②待天下之士，其平居无罪夷灭者，不可

天下的士人，那些无罪而无故被杀的人，数也数不清。这时即使有孟贲、夏

胜数。虽有贲、育，无所获施。夫持法太急

育那样的勇士，也没有办法施展他们的本领。执法过于严厉的国家，它的锋

者，其锋不可犯，而其势未可乘。子房不忍忿

芒不可触犯，而气势也不可以凭借。张良克制不住自己愤怒的情绪，想凭着

忿之心，以匹夫之力，而逞于一击之间。当

匹夫之勇，对秦始皇进行伏击。当时，张良虽然没有被捕杀，但已经处在死

此之时，子房之不死者，其间不能容发，盖亦

亡的边缘了，真是危险到了极点啊。富贵人家的子弟，不会轻易死在盗贼的

危矣。千金之子，不死于盗贼，何哉？其身可

手里，为什么呢？因为他们的生命珍贵，不值得因为与盗贼相斗而死去。张

爱，而盗贼之不足以死也。子房以盖世之才，

良拥有盖世的才能，却不像伊尹、姜太公一样谋划定国安邦的策略，反而只

不为伊尹、太公③之谋，而特出于荆轲、聂政④

学荆轲、聂政那样行刺的办法，靠着侥幸才得以不死，这正是桥上那位老人

之计，以侥幸于不死，此圮上老人所为深惜者

为他深深感到叹息的原因啊！因此老人用傲慢的态度深深地羞辱他，张良

也。是故倨傲鲜腆⑤而深折之，彼其能有所忍

如果能够忍耐的话，才可以成就大业。所以老人说："这个年轻人是可以

也，然后可以就大事。故曰："孺子可教也。"

培养的。"

---

① 受书：指张良三次拾鞋而得老人授《太公兵法》一事。圮：桥。

② 镬：烹人的大锅。③ 伊尹：商代大臣，帮助商汤灭掉了夏朝，

建立了商朝。太公：姜太公，他助武王伐纣，建立周朝。④ 荆轲：

战国时齐人，曾受托于燕太子丹前往秦国刺杀秦王嬴政，事败身死。

聂政：战国时韩国人，为严仲子谋刺韩相韩傀。⑤ 倨傲：傲慢。鲜：

少。腆：丰厚，美好。

chǔ zhuāng wáng fá zhèng　zhèng bó ròu tǎn　qiān yáng yǐ yíng　zhuāng
楚庄王伐郑，郑伯肉祖①牵羊以迎。庄
楚庄王讨伐郑国，郑襄公袒露着胸脯、牵着羊来迎接。楚庄王说：

wáng yuē　　qí zhǔ néng xià rén　bì néng xìn yòng qí mín yǐ
王曰："其主能下人，必能信用其民矣。"
"郑国的国君能够屈己尊人，必定能使人民信任和服从。"于是他放

suì shě zhī　gōu jiàn zhī kùn yú kuài jī　　ér guī chén qiè yú wú
遂舍之。勾践之困于会稽②，而归臣妾于吴
弃了进攻郑国。越王勾践被吴军围困在会稽山上，于是率臣下妻子向

zhě　sān nián ér bú juàn　qiě fú yǒu bào rén　zhī zhì　ér bù néng
者，三年而不倦。且夫有报人③之志，而不能
吴国投降，做吴王的奴仆，三年来都勤勉而不倦息。如果有报仇的志向，

xià rén zhě　shì pǐ fū zhī gāng yě　fú lǎo rén zhě　yǐ wéi zǐ fáng
下人者，是匹夫之刚也。夫老人者，以为子房
却不能忍辱负重，这只是普通人的刚强。那位老人认为张良才能有余

cái yǒu yú ér yōu qí dù liàng zhī bù zú　gù shēn zhé qí shào nián gāng ruì
才有余而忧其度量之不足，故深折其少年刚锐
而担心他度量不足，所以狠狠地挫掉了他的刚锐之气，使他能忍住小

zhī qì　shǐ zhī rěn xiǎo fèn ér jiù dà móu　hé zé　fēi yǒu píng
之气，使之忍小忿而就大谋。何则？非有平
的愤怒而成就大的事业。为什么呢？老人和张良素不相识，突然在野

shēng zhī sù　cù rán xiāng yù yú cǎo yě zhī jiān　ér mìng yǐ pú qiè
生之素，卒然相遇于草野之间，而命以仆妾
外相遇，就命令他做捡鞋穿鞋这类奴仆做的事，而张良很自然地顺从

之役^④，油然而不怪者，此固秦皇之所不能
而不觉得奇怪，这正是秦始皇不能使他惊慌，项羽不能使他发怒的原因，

惊，而项籍之所不能怒也。

① 郑伯：即郑襄公。肉袒：脱去上衣，裸露肢体。② 会稽：即今
浙江省绍兴的会稽山。③ 报人：向人报仇。④ 仆妾之役：指老人
让张良捡鞋的事。

观夫高祖之所以胜，项籍^①之所以败者，
看汉高祖刘邦之所以能最终取胜，项羽最终落败的原因，是在能忍

在能忍与不能忍之间而已矣。项籍唯不能忍，
与不能忍之间啊！项羽只因不能忍，所以百战百胜却轻易地暴露了自己的锋

是以百战百胜而轻用其锋；高祖忍之，养其
芒（不保存自己实力）；高祖能够忍，所以积蓄全力而等待项羽由盛转衰的

全锋而待其敝，此子房教之也。当淮阴^②破齐
时机，这是张良教给他的。当淮阴侯韩信大破齐国而想要自立为齐王的时候，

而欲自王，高祖发怒，见于词色。由是观之，
高祖发怒，在语气、脸色上都有表现。由此看来，汉高祖刘邦还有刚强而不

犹有刚强不能忍之气，非子房其谁全之？
能忍耐的习气，不是张良，又有谁能成全他呢？

①项籍：项羽，名籍，字羽。②淮阴：指淮阴侯韩信。

tài shǐ gōng yí zǐ fáng yǐ wéi kuí wú qí wěi ér qí zhuàng mào
太史公疑子房以为魁梧奇伟，而其状貌
太史公司马迁曾经猜想张良是一个身材魁梧、仪表奇伟的人，其实

nǎi rú fù rén nǚ zǐ bú chèn qí zhì qì wū hū cǐ qí suǒ yǐ
乃如妇人女子，不称其志气。呜呼！此其所以
他的神态表情却像妇人、女子，与他的志向和气概很不相称。唉！这也正是

wéi zǐ fáng yú
为子房欤！
张良之所以为张良的原因吧！

深入浅出读古文

这篇文章是苏轼关于张良的一篇史论，苏轼认为，圯上老人之所以授书给张良，在于张良能"忍"，也就是"忍小忿而就大谋"。

这篇文章的妙处在于，苏轼指出张良之所以成功，是因为"其意不在书"，但并没有停留于此，而是引出一个"忍"字，并展开议论。"忍"是全篇的文眼，文章开门见山地指出，能做到忍的人，才是天下的大勇者。其后引入张良的事迹，极言他的能忍。所以，整篇文章都是围绕"忍"来写的，这是一字立骨的写法。

知识加油站

民间谚语

"你有张良计，我有过墙梯"是一句谚语。

张良是汉高祖刘邦的谋臣，"汉初三杰"之一，可以用"千古第一谋臣"来形容他；"过墙梯"是战国时期楚惠王想要攻打宋国而让鲁班制造的攻城云梯。

这句谚语的意思是：你有厉害的计谋，我也有应对的方案，大家都有对策，各不相让。

贾谊论

宋 苏轼

非才之难，所以自用者实难。惜乎！贾

人要有才并不难，难的是怎样使自己的才能得以运用。可惜呀！贾

生，王者之佐，而不能自用其才也。

谊虽然能辅佐帝王，却不知道如何施展自己的才能！

夫君子之所取者远，则必有所待；所就者

君子如果想要达到长远的目标，就必须有所等待；想要成就大的事业，

大，则必有所忍。古之贤人，皆负可致①之才，

就必须有所忍耐。古时候的贤人，都有建功立业的才能，而最终不能施展才

而卒②不能行其万一者，未必皆其时君之罪，

能的万分之一的原因，未必都是当时的君主的过错，也许是他们自己造成的。

或者其自取也。

① 致：成就功业。② 卒：最终。

　　　yú guān jiǎ shēng zhī lùn　　rú qí suǒ yán　　suī sān dài　　hé
愚 观 贾 生 之 论，如 其 所 言，虽 三 代 ① 何
我看了贾谊的议论，他所想要创建的太平盛世，即使是夏、商、周三代，

　yǐ yuǎn guò　　dé jūn rú hàn wén　　yóu qiě yǐ bú yòng sǐ　　rán
以 远 过？得 君 如 汉 文 ②，犹 且 以 不 用 死，然
又怎能超过他的设想？他遇到了像汉文帝这样贤德的君主，但还是因为不被

　zé shì tiān xià wú yáo shùn　　zhōng bù kě yǒu suǒ wéi yé　　zhòng ní shèng
则 是 天 下 无 尧 舜，终 不 可 有 所 为 耶？仲 尼 圣
重用郁郁而终，那岂不是意味着如果天下没有尧、舜那样的圣君，许多贤能

　rén　　lì shì yú tiān xià　　gǒu fēi dà wú dào zhī guó　　jiē yù miǎn
人，历 试 于 天 下，苟 非 大 无 道 之 国，皆 欲 勉
之人就注定会终生无所作为吗？孔子是位圣人，曾游历天下，试图实行自己

qiǎng fú chí　　shù jǐ ③　　yí rì dé xíng qí dào　　jiāng zhī jīng ④　　xiān
强 扶 持，庶 几 ③ 一 日 得 行 其 道。将 之 荆 ④，先
的主张，只要不是过于无道的国家，都想勉力去扶持，希望有朝一日能实现

zhī yǐ rǎn yǒu　　shēn zhī yǐ zǐ xià　　jūn zǐ zhī yù dé qí jūn　　rú
之 以 冉 有，申 之 以 子 夏。君 子 之 欲 得 其 君，如
自己的主张。他准备前往楚国的时候，先派冉有前去传达自己的想法主张，

cǐ qí qín yě　　mèng zǐ qù qí　　sān sù ér hòu chū zhòu　　yóu yuē
此 其 勤 也。孟 子 去 齐，三 宿 而 后 出 昼，犹 曰：
又派子夏前去重申自己的意思。君子想要遇到了解自己的君主，竟然是如此

　wáng qí shù jǐ zhào wǒ　　jūn zǐ zhī bù rěn qì qí jūn　　rú cǐ
"王 其 庶 几 召 我。"君 子 之 不 忍 弃 其 君，如 此
殷切勤恳啊！孟子离开齐国的时候，曾经在昼邑住了三个晚上才离开，还说：

103

qí hòu yě　　gōng sūn chǒu wèn yuē　　　　fū zǐ hé wèi bú yù⑤

其厚也。公孙丑问曰："夫子何为不豫⑤？"

"齐王也许还会召见我。"君子不忍离弃他的君主，感情是如此深厚。公孙

mèng zǐ yuē　　　fāng jīn tiān xià　　shě wǒ qí shuí zāi　　ér wú hé wèi

孟子曰："方今天下，舍我其谁哉？而吾何为

丑问："先生为什么不高兴呢？"孟子说："当今天下，除了我还有谁能让

bú yù　　　jūn zǐ zhī ài qí shēn　　rú cǐ qí zhì yě　　fú rú cǐ

不豫？"君子之爱其身，如此其至也。夫如此

国家得到大治？我又怎么会不高兴呢？"君子爱惜自己，考虑得如此周到。

ér bú yòng　　rán hòu zhī tiān xià guǒ bù zú yǔ yǒu wéi　　ér kě yǐ wú

而不用，然后知天下果不足与有为，而可以无

像这样的人都得不到重用，便知道天下真的没有能让自己施展才能的君主了，

hàn yǐ　　ruò jiǎ shēng zhě　　fēi hàn wén zhī bù néng yòng shēng　shēng zhī

憾矣。若贾生者，非汉文之不能用生，生之

也就没有遗憾了。而像贾谊这样的，并不是汉文帝不重用他，而是他自己不

bù néng yòng hàn wén yě

不能用汉文也。

能效力于汉文帝呀！

①三代：此指夏、商、周。②汉文：汉文帝刘恒，历来被认为
是明君。③庶几：希望。④荆：指楚国。⑤豫：高兴，快乐。

fú jiàng hóu①　　qīn wò tiān zǐ xǐ ér shòu zhī wén dì　　guàn yīng②

夫绛侯①亲握天子玺而授之文帝，灌婴②

周勃曾亲自捧着天子的玉玺，把它交给汉文帝；灌婴曾经联合数

lián bīng shù shí wàn　　yǐ jué liú lǚ zhī cí xióng　　yòu jiē gāo dì zhī jiù

连兵数十万，以决刘吕之雌雄。又皆高帝之旧

十万兵马，决定刘氏和吕氏到底谁来掌管天下。他们又都是汉高祖旧日的部

jiàng　cǐ qí jūn chén xiāng dé zhī fèn　qǐ tè fù zǐ gǔ ròu shǒu zú

将，此其君臣相得之分，岂特父子骨肉手足

将，这种君臣之间互相信任的情分，难道只是父子兄弟之间的关系能比拟的

zāi　jiǎ shēng　luò yáng zhī shào nián　yù shǐ qí yì zhāo zhī jiān　jìn

哉？贾生，洛阳之少年，欲使其一朝之间，尽

吗？贾谊，不过是洛阳的一个年轻人，却想让汉文帝用一个早上的时间废弃

qì qí jiù ér móu qí xīn　yì yǐ nán yǐ　wéi jiǎ shēng zhě　shàng dé

弃其旧而谋其新，亦已难矣。为贾生者，上得

所有旧的制度而改用新的制度，这也太难了吧！作为贾谊本人，上能得到汉

qí jūn　xià dé qí dà chén　rú jiàng　guàn zhī shǔ　yōu yóu jìn zì③

其君，下得其大臣，如绛、灌之属，优游浸渍③

文帝的信任，下能得到大臣们的支持，像周勃、灌婴这样的大臣，需要从容

ér shēn jiāo zhī　shǐ tiān zǐ bù yí　dà chén bú jì　rán hòu jǔ tiān

而深交之，使天子不疑，大臣不忌，然后举天

地结交他们，与他们建立深厚的友谊，使天子不怀疑，大臣不妒忌，然后让

xià ér wéi wú zhī suǒ yù wéi　bú guò shí nián　kě yǐ dé zhì　ān

下而唯吾之所欲为，不过十年，可以得志。安

整个天下按照自己的主张去治理，用不了十年，就可以实现自己的抱负。哪

yǒu lì tán zhī jiān　ér jù④　wèi rén tòng kū　zāi　guān qí guò

有立谈之间，而遽④为人"痛哭"哉？观其过

有在短暂的交谈之后，就急于对人"痛哭"的道理呢？看他路经湘水时作赋

xiāng　wéi fù yǐ diào qū yuán　yíng⑤　yū yù mèn　tì rán⑥　yǒu yuǎn

湘，为赋以吊屈原，萦⑤纡郁闷，趯然⑥有远

吊屈原，心情复杂而郁闷，大有远走高飞、退隐之意。后来还时常暗自伤感

jǔ zhī zhì　qí hòu yǐ zì shāng kū qì　zhì yú yāo jué　shì yì bú

举之志。其后以自伤哭泣，至于夭绝。是亦不

而常常哭泣，以至于过早死去。这也是不善于忍受困厄啊。谋略一次不被采

shàn chǔ qióng zhě yě　fú móu zhī yī bú jiàn yòng　zé ān zhī zhōng bú

善处穷者也。夫谋之一不见用，则安知终不

用，怎知道就永远都不会被采用呢？不懂得隐忍以待形势的变化，却把自己

fù yòng yě　　bù zhī mò mò yǐ dài qí biàn　　ér zì cán zhì cǐ　　wū
复用也？不知默默以待其变，而自残至此。呜

糟蹋成这样。唉！贾谊志向远大而度量太小，才能有余而见识不足啊！

hū　　jiǎ shēng zhì dà ér liàng xiǎo　　cái yǒu yú ér shí bù zú yě
呼！贾生志大而量小，才有余而识不足也。

① 绛侯：西汉初年的大臣周勃，刘邦的功臣，曾与陈平等平定诸吕叛乱，迎立汉文帝，跪献天子玺。② 灌婴：刘邦的功臣，曾随刘邦转战各地，后与陈平、周勃等共同平定叛乱。③ 优游：从容不迫的样子。浸渍：渐渐渗透。④ 遽：突然。⑤ 萦：曲折回旋。⑥ 趯然：心情激荡跳跃的样子。

gǔ zhī rén　　yǒu gāo shì zhī cái　　bì yǒu yí sú zhī lèi　　shì
古之人，有高世之才，必有遗俗之累。是

古代的人，如果有超凡脱俗的才能，就必然会鄙弃世俗从而给自己

gù fēi cōng míng ruì zhì　　bú huò zhī zhǔ　　zé bù néng quán qí yòng
故非聪明睿智①不惑之主，则不能全其用。

带来祸害。所以若不是聪明睿智的君主，就无法使他们完全发挥才能。从古

gǔ jīn chēng fú jiān　　dé wáng měng　　yú cǎo máo zhī zhōng　　yì zhāo jìn
古今称苻坚②得王猛③于草茅之中，一朝尽

至今，人们都称道苻坚从平民中发现了王猛，一时间疏远了他的旧臣，凡事

chì qù qí jiù chén　　ér yǔ zhī móu　　bǐ qí pǐ fū lüè　　yǒu tiān
斥去其旧臣，而与之谋。彼其匹夫略④有天

只与王猛商量谋划。像苻坚那样的普通人，竟也能够占据半个天下，不就是

xià zhī bàn　　qí yǐ cǐ zāi　　yú shēn bēi shēng zhī zhì　　gù bèi lùn
下之半，其以此哉！愚深悲生之志，故备论

因为这个吗！我深深地惋惜贾谊未能实现志向，所以对此事加以详细的评论。

106

<ruby>之<rt>zhī</rt></ruby>。<ruby>亦<rt>yì</rt></ruby><ruby>使<rt>shǐ</rt></ruby><ruby>人<rt>rén</rt></ruby><ruby>君<rt>jūn</rt></ruby><ruby>得<rt>dé</rt></ruby><ruby>如<rt>rú</rt></ruby><ruby>贾<rt>jiǎ</rt></ruby><ruby>生<rt>shēng</rt></ruby><ruby>之<rt>zhī</rt></ruby><ruby>臣<rt>chén</rt></ruby>，<ruby>则<rt>zé</rt></ruby><ruby>知<rt>zhī</rt></ruby><ruby>其<rt>qí</rt></ruby><ruby>有<rt>yǒu</rt></ruby><ruby>狷<rt>juàn</rt></ruby><ruby>介<rt>jiè</rt></ruby>⑤<ruby>之<rt>zhī</rt></ruby>

也想使君主知道，如果得到了像贾谊这样的臣子，就应该知道他们有清高孤

<ruby>操<rt>cāo</rt></ruby>，<ruby>一<rt>yí</rt></ruby><ruby>不<rt>bú</rt></ruby><ruby>见<rt>jiàn</rt></ruby><ruby>用<rt>yòng</rt></ruby>，<ruby>则<rt>zé</rt></ruby><ruby>忧<rt>yōu</rt></ruby><ruby>伤<rt>shāng</rt></ruby><ruby>病<rt>bìng</rt></ruby><ruby>沮<rt>jǔ</rt></ruby>，<ruby>不<rt>bù</rt></ruby><ruby>能<rt>néng</rt></ruby><ruby>复<rt>fù</rt></ruby><ruby>振<rt>zhèn</rt></ruby>；<ruby>而<rt>ér</rt></ruby>

傲的操守和性格，一旦不被任用，就会忧伤沮丧，积郁成疾，再也不能振作

<ruby>为<rt>wéi</rt></ruby><ruby>贾<rt>jiǎ</rt></ruby><ruby>生<rt>shēng</rt></ruby><ruby>者<rt>zhě</rt></ruby>，<ruby>亦<rt>yì</rt></ruby><ruby>谨<rt>jǐn</rt></ruby><ruby>其<rt>qí</rt></ruby><ruby>所<rt>suǒ</rt></ruby><ruby>发<rt>fā</rt></ruby>⑥<ruby>哉<rt>zāi</rt></ruby>！

起来。而贾谊这样的人，也应该谨慎地对待自己立身处世的原则啊！

①睿智：英明有远见。②苻坚：前秦皇帝。③王猛：前秦大臣，他曾辅佐苻坚富国强兵，先后灭掉了前燕、代国和前凉等国，统一了黄河流域。④略：占据。⑤狷介：正直孤傲，洁身自好。⑥所发：所作所为，这里引申为处世。

深入浅出读古文

贾谊怀才不遇、英年早逝的遭遇历来为人所叹惋。本篇别具新意，认为贾谊的不幸遭遇应该归咎于他性格和为人处世方面的弱点与不足。篇末还论述了君主应如何对待类似贾谊这样的人才的问题，形成了一个关于避免贤才遭埋没的完整主题。

本篇开门见山，"非才之难"二句点明了本文主旨，认为贾谊尽管有才，但却不懂隐忍，以致终生不得重用。第三段引述孔子、孟子甘心隐忍而成为圣人的事例，从反面论证首段提出的观点。第四段为贾谊出谋划策，给他指明了为臣之道，并认为他志大而量小。第五段再现波澜，引用符坚提拔王猛的典故，以讽刺汉文帝未能发觉贾谊之才。在文章末尾，苏轼提出了自己的政治主张，认为天子应当爱惜人才，臣子应当慎言慎行。

知识加油站

玉玺

玉玺，专指皇帝的玉印，是至高权力的象征。古代印、玺通称，以金或玉为之。据说始于秦始皇。

玺始出于周，到了秦朝才有玺和印之分，皇帝用的印叫玺，而臣民所用只能称为印。

<ruby>晁<rt>cháo</rt></ruby> <ruby>错<rt>cuò</rt></ruby> <ruby>论<rt>lùn</rt></ruby>

宋 苏轼

<ruby>天<rt>tiān</rt></ruby><ruby>下<rt>xià</rt></ruby><ruby>之<rt>zhī</rt></ruby><ruby>患<rt>huàn</rt></ruby>，<ruby>最<rt>zuì</rt></ruby><ruby>不<rt>bù</rt></ruby><ruby>可<rt>kě</rt></ruby><ruby>为<rt>wéi</rt></ruby><ruby>者<rt>zhě</rt></ruby>，<ruby>名<rt>míng</rt></ruby><ruby>为<rt>wéi</rt></ruby><ruby>治<rt>zhì</rt></ruby><ruby>平<rt>píng</rt></ruby>① <ruby>无<rt>wú</rt></ruby>

天下的祸患，最难处理的是表面上国家大治、清平无事，而实际上

<ruby>事<rt>shì</rt></ruby>，<ruby>而<rt>ér</rt></ruby><ruby>其<rt>qí</rt></ruby><ruby>实<rt>shí</rt></ruby><ruby>有<rt>yǒu</rt></ruby><ruby>不<rt>bú</rt></ruby><ruby>测<rt>cè</rt></ruby><ruby>之<rt>zhī</rt></ruby><ruby>忧<rt>yōu</rt></ruby>。<ruby>坐<rt>zuò</rt></ruby><ruby>观<rt>guān</rt></ruby><ruby>其<rt>qí</rt></ruby><ruby>变<rt>biàn</rt></ruby>，<ruby>而<rt>ér</rt></ruby><ruby>不<rt>bù</rt></ruby><ruby>为<rt>wéi</rt></ruby><ruby>之<rt>zhī</rt></ruby>

却潜伏着难以预料的隐患。如果坐视祸患的发展演变而无所作为，那就可能

<ruby>所<rt>suǒ</rt></ruby>，<ruby>则<rt>zé</rt></ruby><ruby>恐<rt>kǒng</rt></ruby><ruby>至<rt>zhì</rt></ruby><ruby>于<rt>yú</rt></ruby><ruby>不<rt>bù</rt></ruby><ruby>可<rt>kě</rt></ruby><ruby>救<rt>jiù</rt></ruby>。<ruby>起<rt>qǐ</rt></ruby><ruby>而<rt>ér</rt></ruby><ruby>强<rt>qiǎng</rt></ruby><ruby>为<rt>wéi</rt></ruby><ruby>之<rt>zhī</rt></ruby>，<ruby>则<rt>zé</rt></ruby><ruby>天<rt>tiān</rt></ruby><ruby>下<rt>xià</rt></ruby><ruby>狃<rt>niǔ</rt></ruby>② <ruby>于<rt>yú</rt></ruby>

发展到不可收拾的地步。如果强行加以制止，那么天下的人就会由于习惯过

<ruby>治<rt>zhì</rt></ruby><ruby>平<rt>píng</rt></ruby><ruby>之<rt>zhī</rt></ruby><ruby>安<rt>ān</rt></ruby>，<ruby>而<rt>ér</rt></ruby><ruby>不<rt>bù</rt></ruby><ruby>吾<rt>wú</rt></ruby><ruby>信<rt>xìn</rt></ruby>。<ruby>惟<rt>wéi</rt></ruby><ruby>仁<rt>rén</rt></ruby><ruby>人<rt>rén</rt></ruby><ruby>君<rt>jūn</rt></ruby><ruby>子<rt>zǐ</rt></ruby><ruby>豪<rt>háo</rt></ruby><ruby>杰<rt>jié</rt></ruby><ruby>之<rt>zhī</rt></ruby><ruby>士<rt>shì</rt></ruby>，

太平生活，而不相信我们的主张。只有仁人君子、豪杰之士，才能挺身而出，

<ruby>为<rt>wéi</rt></ruby><ruby>能<rt>néng</rt></ruby><ruby>出<rt>chū</rt></ruby><ruby>身<rt>shēn</rt></ruby><ruby>为<rt>wèi</rt></ruby><ruby>天<rt>tiān</rt></ruby><ruby>下<rt>xià</rt></ruby><ruby>犯<rt>fàn</rt></ruby><ruby>大<rt>dà</rt></ruby><ruby>难<rt>nàn</rt></ruby>，<ruby>以<rt>yǐ</rt></ruby><ruby>求<rt>qiú</rt></ruby><ruby>成<rt>chéng</rt></ruby><ruby>大<rt>dà</rt></ruby><ruby>功<rt>gōng</rt></ruby>。<ruby>此<rt>cǐ</rt></ruby><ruby>固<rt>gù</rt></ruby>

为天下的大治冒大风险，以求成就大的功业。这绝不是只愿短时间勉强行事、

<ruby>非<rt>fēi</rt></ruby><ruby>勉<rt>miǎn</rt></ruby><ruby>强<rt>qiǎng</rt></ruby><ruby>期<rt>jī</rt></ruby><ruby>月<rt>yuè</rt></ruby>③ <ruby>之<rt>zhī</rt></ruby><ruby>间<rt>jiān</rt></ruby>，<ruby>而<rt>ér</rt></ruby><ruby>苟<rt>gǒu</rt></ruby><ruby>以<rt>yǐ</rt></ruby><ruby>求<rt>qiú</rt></ruby><ruby>名<rt>míng</rt></ruby><ruby>之<rt>zhī</rt></ruby><ruby>所<rt>suǒ</rt></ruby><ruby>能<rt>néng</rt></ruby><ruby>也<rt>yě</rt></ruby>。

妄图谋求声名的人所能做到的。天下太平的时候，无缘无故发起大难的事端，

tiān xià zhì píng　　wú gù ér fā dà nàn zhī duān　　wú fā zhī　　wú néng
天下治平，无故而发大难之端，吾发之，吾能
就要做到我能发起，我也能收拾，然后才能在天下人面前有话说。如果事到

shōu zhī　　　rán hòu yǒu cí yú tiān xià　　shì zhì ér xún xún　④　yān yù qù
收之，然后有辞于天下。事至而循循④焉欲去
临头，却想有次序地避开，让别人来承担责任，那么，天下的灾祸必定就会

zhī　　shǐ tā rén rèn qí zé　　zé tiān xià zhī huò　　bì jí yú wǒ
之，使他人任其责，则天下之祸，必集于我。
集中到自己身上。

① 为：治理，消除。治平：政治清明，社会安定。② 狃：习惯于。
③ 期月：一个月，这里指时间短促。④ 循循：有次序。

xī zhě cháo cuò jìn zhōng wèi hàn　　móu ruò shān dōng ① zhī zhū
昔者晁错尽忠为汉，谋弱山东①之诸
当年，晁错为了汉朝竭尽忠心，谋划着要削弱崤山以东各诸侯的势力。

hóu　　shāndōng zhǔ hóu bìng qǐ ②　　yǐ zhū cuò wéi míng　　ér tiān zǐ bù
侯。山东诸侯并起②，以诛错为名。而天子不
崤山以东的诸侯们闻风一同起兵，借着诛杀晁错的名义发动叛乱。而天子却

zhī chá　　yǐ cuò wéi zhī yuè　　tiān xià bēi cuò zhī yǐ zhōng ér shòu huò
之察，以错为之说。天下悲错之以忠而受祸，
不能明察其中的阴谋，用杀掉晁错的办法来取悦诸侯。天下人都为晁错忠诚

bù zhī cuò yǒu yǐ qǔ ③ zhī yě
不知错有以取③之也。
侍奉君主却遭诛杀而感到悲痛，却不知道晁错也有咎由自取的地方。

① 山东：指崤山以东。② 并起：一同起兵叛乱。③ 以：因为。取：
招致。

110

gǔ zhī lì dà shì zhě　　　　bù wéi yǒu chāo shì zhī cái　　　yì bì

古之立大事者，不惟有超世之才，亦必
古代成大事的人，不仅具有超出世人的才能，还有坚韧不拔的意志

yǒu jiān rěn bù bá zhī zhì　　xǐ yǔ zhī zhì shuǐ　záo lóng mén　　　jué

有坚忍不拔之志。昔禹之治水，凿龙门①，决
和决心。当年大禹治水，凿开龙门，疏通黄河，将洪水引入大海。当他大功

dà hé　　　ér fàng zhī hǎi　　fāng qí gōng zhī wèi chéng yě　　gài yì yǒu

大河，而放之海。方其功之未成也，盖亦有
尚未告成之时，应该也有大水冲毁堤坝的危险情况发生。只是他能预见到必

kuì mào chōng tū kě wèi zhī huàn　　wéi néng qián zhī qí dāng rán　　shì zhì

溃冒冲突可畏之患。惟能前知其当然，事至
然会有这种情况发生，临事毫不退缩畏惧，一步一步地加以解决，靠着这样

bú jù　　　ér xú wéi zhī tú　　shì yǐ　　dé zhì yú chéng gōng　　fú

不惧，而徐为之图，是以②得至于成功。夫
的方法和精神才得以成功。七国那样强盛，想要一下子削弱它们，在这种情

yǐ qī guó zhī qiáng　　　ér zhòu xuē zhī　　qí wéi biàn qǐ zú guài zāi　　cuò

以七国之强，而骤削之，其为变岂足怪哉？错
况下发生叛乱难道还有什么奇怪吗？晁错不在此时挺身而出，为天下把握排

bù yú cǐ shí juān qí shēn　　wèi tiān xià dāng dà nàn zhī chōng　　ér zhì wú

不于此时捐其身，为天下当大难之冲，而制吴
除大难的要冲，控制吴、楚等七国的命运，却想着要保全自己，想让君主亲

chǔ zhī mìng　　　nǎi wéi zì quán zhī jì　　yù shǐ tiān zǐ zì jiàng ér jǐ jū

楚之命，乃为自全之计，欲使天子自将而己居
自带兵出征，而自己留守后方。再说挑起七国叛乱的又是谁呢？自己既想得

shǒu　　qiě fú fā qī guó zhī nàn zhě shuí hū　　jǐ yù qiú qí míng　　ān

守。且夫发七国之难者谁乎？己欲求其名，安
到好的声名，又怎能逃脱由此带来的祸患呢？以为带兵出征会非常危险，在

suǒ táo qí huàn　　yǐ zì jiàng zhī zhì wēi　　yǔ jū shǒu zhī zhì ān　　jǐ

所逃其患？以自将之至危，与居守之至安，己
后方留守则非常安全。自己是挑起事端的人，但又选择了十分安全的事情来

wéi nàn shǒu　　zé qí zhì ān　　　ér yǐ tiān zǐ yǐ qí zhì wēi　　cǐ zhōng
为难首，择其至安，而遗天子以其至危，此忠
做，把最危险的事情留给了君主，这就是忠臣义士愤怒不平的原因。在那个

chén yì shì suǒ yǐ fèn yuàn ér bù píng zhě yě　　dāng cǐ zhī shí　　suī
臣义士所以愤怒而不平者也。当此之时，虽
时候，即使没有袁盎，晁错也未必能逃脱杀身之祸。为什么这样说呢？自己

wú yuán àng ③　　　yì wèi miǎn yú huò　　hé zhě ④　　jǐ yù jū shǒu
无袁盎③，亦未免于祸。何者④？己欲居守，
想留守后方，却想要君主亲自带兵出征，从情理上来说，君主对此本来就难

ér shǐ rén zhǔ zì jiàng　　　yǐ qíng ér yán　　tiān zǐ gù yǐ nán zhī yǐ
而使人主自将，以情而言，天子固已难之矣，
以接受了，因而心中很反感他的建议。所以袁盎的话才能起作用。假使在吴

ér zhòng wéi qí yì　　　shì yǐ yuán àng zhī shuō dé xíng yú qí jiān　　shǐ
而重违其议，是以袁盎之说得行于其间。使
楚叛乱发生后，晁错能挺身而出承担危险，日夜做好准备，率领军队向东严

wú chǔ fǎn　　　cuò yǐ shēn rèn qí wēi　　rì yè cuì lì ⑤　　dōngxiàng ér
吴楚反，错以身任其危，日夜淬砺⑤，东向而
阵以待，使事情不至于发展到连累君主的地步，那么君主就将依靠他而无所

dài zhī　　　shǐ bú zhì yú lèi qí jūn　　　zé tiān zǐ jiāng shì zhī yǐ wéi wú
待之，使不至于累其君，则天子将恃之以为无
畏惧，即使有一百个袁盎，谁又能有机会从中离间呢？

kǒng　　　suī yǒu bǎi àng　　　kě dé ér jiàn zāi
恐。虽有百盎，可得而间哉？

①龙门：禹门口，在今山西河津西北。这里黄河两岸峭壁对峙，
水流最为湍急。②是以：所以，因此。③袁盎：历任齐相、吴相，
因与吴王刘濞有关系，经晁错告发，被废为庶人。七国叛乱时，
他建议汉景帝杀晁错。④何者：为什么。⑤淬砺：磨炼兵刃。

jiē fú ① ！ shì zhī jūn zǐ ， yù qiú fēi cháng zhī gōng ， zé

嗟夫①！世之君子，欲求非常之功，则

唉！世上的君子想要谋求不同寻常的大功，就务必不要为自己谋划

wú wù wéi zì quán zhī jì shǐ cuò zì jiàng ér tǎo wú chǔ wèi bì wú

无务为自全之计。使错自将而讨吴楚，未必无

自我保全的计策。假使晁错亲自率兵征讨吴楚七国，未必就不能成功。只是

gōng wéi qí yù zì gù qí shēn ér tiān zǐ bú yuè jiān chén dé yǐ

功。惟其欲自固其身，而天子不悦，奸臣得以

他总想着要使自身得以安稳，君主因此而不高兴，奸臣就有机可乘挑拨离间。

chéng qí xì ② cuò zhī suǒ yǐ zì quán zhě nǎi qí suǒ yǐ zì huò

乘其隙②。错之所以自全者，乃其所以自祸

晁错用来保全自己的计策，正是他招来杀身之祸的原因啊！

yú ③

欤③！

① 嗟夫：表示感叹的语气词，唉。② 隙：空隙，空子。③ 欤：语
气助词，表感叹。

深入浅出读古文

本篇分析晁错在提议"削藩"以及应对"七国之乱"事件中的失误，认为他行事操之过急，并且危难来临时只谋求自保，不能舍身报君，所以才会因他人挑拨而被汉景帝所杀。

首段讲"仁人君子豪杰之士"能够在太平盛世中发现"不测之忧"，为下文晁错陈述藩国之害却不得保全自身埋下伏笔。第二段列出世俗同情晁错的观点。第三段顿生波澜，指出晁错虽有大志，却未能坚持如一，最终被君主所杀实属咎由自取，并提出做大事须冒险的观点。同时，作者还揭示了晁错遭杀的缘由，即为保全自己而置君主于危难的做法引起君主的猜疑。最后一段揭示出一个道理，即如果想成就"非常之功"，就该有破釜沉舟的气魄，从而批评了晁错一心自保的投机做法。

知识加油站

七国之乱

"七国之乱"是发生在汉景帝时期的一次诸侯国叛乱，参与叛乱的是七个刘姓宗室诸侯王，故称。以吴王刘濞为首的七个刘姓宗室诸侯由于不满朝廷削减他们的权力，以"清君侧"为名联兵反叛，后因战略失当被平定。

六 国 论

宋 苏辙

尝 读六国世家①，窃②怪天下之诸侯，
我曾经读过《史记》中六国世家的篇章，私下里感到奇怪的是：全

以五倍之地，十倍之众，发愤西向，以攻山西
天下的诸侯，凭着多过秦国五倍的土地，十倍于秦国的人口，发愤向西攻打

千里之秦，而不免于灭亡。常为之深思远虑，
崤山以西方圆只有千里的秦国，却无法避免灭亡。我常常认真思考这件事，

以为必有可以自安之计。盖未尝不咎③其当
认为一定有能够使他们得以保全的计策。因此我总是责怪那时候的谋士，认

时之士，虑患之疏④，而见利之浅，且不知天
为他们考虑忧患的时候很不周详，谋求利益的眼光浅薄，并且不知道天下的

下之势⑤也。
形势。

①六国：齐、楚、燕、赵、韩、魏。世家：《史记》中用以记载诸侯的传记。②窃：私下，用作表示个人意见的谦词。③咎：怪罪。④疏：粗忽。⑤势：大势、形势。

fú qín zhī suǒ yǔ zhū hóu zhēng tiān xià zhě bú zài qí
夫秦之所与诸侯争天下者，不在齐、
秦国和诸侯争夺天下的目标地区，不是在齐、楚、燕、赵等地，

chǔ yān zhào yě ér zài hán wèi zhī jiāo zhū hóu zhī suǒ yǔ
楚、燕、赵也，而在韩、魏之郊；诸侯之所与
而是在韩、魏的郊野；诸侯要和秦国争夺天下的目标，不是在齐、楚、燕、

qín zhēng tiān xià zhě bú zài qí chǔ yān zhào yě ér zài
秦争天下者，不在齐、楚、燕、赵也，而在
赵等地，而是在韩、魏的郊野。韩国和魏国的存在对于秦国而言，就好

hán wèi zhī yě qín zhī yǒu hán wèi pì rú rén zhī yǒu fù xīn
韩、魏之野。秦之有韩、魏，譬如人之有腹心
像人有心腹之病一样。韩国和魏国位于秦国出入关中的要冲之上，蔽护

zhī jí yě hán wèi sè qín zhī chōng ér bì shān dōng zhī zhū
之疾也。韩、魏塞秦之冲①，而蔽山东之诸
着崤山以东的诸侯，所以在全天下最重要的国家当中，地位没有超过韩

hóu gù fú tiān xià zhī suǒ zhòng zhě mò rú hán wèi yě xī zhě
侯，故夫天下之所重者，莫如韩、魏也。昔者
国、魏国的了。从前范雎被秦国重用，秦国收服了韩国；商鞅被秦国重用，

fàn jū yòng yú qín ér shōu hán shāng yāng yòng yú qín ér shōu wèi
范雎②用于秦而收韩，商鞅③用于秦而收魏。
秦国收服了魏国。秦昭王没有得到韩国、魏国的真心归附，却出兵去攻

zhāo wáng wèi dé hán wèi zhī xīn ér chū bīng yǐ gōng qí zhī gāng
昭王④未得韩、魏之心，而出兵以攻齐之刚、
打齐国的刚、寿之地，范雎为此而担忧，从这里可以看出秦国所顾忌的

shòu　　　　 ér fàn jū yǐ wéi yōu　　 rán zé qín zhī suǒ jì zhě kě jiàn
寿⑤，而范雎以为忧，然则秦之所忌者可见
事情到底是什么。

yǐ
矣。

①冲：要冲，军事要道。②范雎：魏国人，曾游说秦昭王，被任
为秦相。③商鞅：曾经辅佐秦孝公变法，使秦国强盛起来。④昭王：
秦昭王。⑤刚：刚城，在今山东兖州附近。寿：寿张，在今山东
东平县北。

qín zhī yòng bīng yú yān　　 zhào　　 qín zhī wēi shì yě　　　 yuè hán
秦之用兵于燕、赵，秦之危事也。越韩
秦国如果对燕国、赵国用兵，这对其来讲是一件危险的事情。越过韩、

guò wèi ér gōng rén zhī guó dū　　 yān　　 zhào jù zhī yú qián　　 ér hán
过魏而攻人之国都，燕、赵拒之于前，而韩、
魏两国而去攻打别人的国都，燕国、赵国在前面抵抗，而韩国、魏国就会趁

wèi chéng　① zhī yú hòu　　 cǐ wēi dào yě　　 ér qín zhī gōng yān　　 zhào
魏乘①之于后，此危道也。而秦之攻燕、赵，
机在背后偷袭，这是非常危险的做法。而秦攻打燕国、赵国却从来没有担

wèi cháng yǒu hán　　 wèi zhī yōu　　 zé hán　　 wèi zhī fù qín gù yě
未尝有韩、魏之忧，则韩、魏之附秦故也。
心韩、魏两国偷袭，这是因为韩、魏两国已经归附了秦国啊。韩、魏两国是

fú hán　　 wèi zhū hóu zhī zhàng　　 ér shǐ qín rén dé chū rù yú qí jiān
夫韩、魏诸侯之障，而使秦人得出入于其间，
诸侯们的屏障，却让秦国在两国的国土上任意出入往来，这难道是清楚天下

cǐ qǐ zhī tiān xià zhī shì yé　　wěi qū qū　　zhī hán wèi yǐ dāng
此岂知天下之势耶？委区区②之韩、魏，以当
的形势吗？让小小的韩、魏两国，来抵挡如虎狼一样的秦国，他们怎能不屈

qiáng hǔ láng zhī qín　　bǐ ān dé bù zhé　　ér rù yú qín zāi　　hán
强虎狼之秦，彼安得不折③而入于秦哉？韩、
从而归附秦国呢？韩、魏两国屈服而落入秦国手中，此后秦国就能够在攻打

wèi zhé ér rù yú qín　　rán hòu qín rén dé tōng qí bīng yú dōng zhū hóu④
魏折而入于秦，然后秦人得通其兵于东诸侯④，
崤山以东的诸侯时，出兵畅通无阻，使天下遍受其所带来的灾祸。

ér shǐ tiān xià biàn shòu qí huò
而使天下遍受其祸。

①乘：乘势攻击。②区区：小，少。③折：折损。④东诸侯：这里指齐、楚、燕、赵四个诸侯国。

fú hán　　wèi bù néng dú dāng qín　　ér tiān xià zhī zhū hóu
夫韩、魏不能独当秦，而天下之诸侯，
韩国和魏国不能独自抵挡秦国，而天下的诸侯却要倚靠其来抵挡西

jiè① zhī yǐ bì qí xī　　gù mò rú hòu hán qīn wèi yǐ bìn② qín
藉①之以蔽其西，故莫如厚韩亲魏以摈②秦。
面的秦国，所以不如与韩、魏两国亲好以抵御秦国。这样一来秦国人就不敢

qín rén bù gǎn yú hán　　wèi yǐ kuī qí　　chǔ　　yān　　zhào zhī guó
秦人不敢逾韩、魏以窥齐、楚、燕、赵之国，
越过韩、魏两国以觊觎齐、楚、燕、赵等国，而齐、楚、燕、赵等国也得以

ér qí　　chǔ　　yān　　zhào zhī guó　　yīn dé yǐ zì wán yú qí jiān
而齐、楚、燕、赵之国，因得以自完于其间
在这样的形势下自我保全。四个太平无事的国家，尽全力来帮助抵挡敌人的

矣。以四无事之国，佐当寇③之韩、魏，使

韩、魏两国，使韩、魏两国没有东顾之忧，愿意为天下挺身而出，抵挡秦兵。

韩、魏无东顾之忧，而为天下出身以当秦兵。

让韩、魏两国对付秦国，而四国在后方休养生息，并且暗中帮助韩、魏两国

以二国委秦，而四国休息于内，以阴助其急，

应对危难，这样就可以应付一切事情，秦国又能有什么办法呢？六国诸侯不

若此可以应夫无穷，彼秦者将何为哉？不知出

知道要采用这种策略，却只贪图边境上些微土地的利益，违背盟约，自相残

此，而乃贪疆场④尺寸之利，背盟败约⑤，

杀。秦国的军队还没有出动，天下的诸侯就已经疲倦了。直到秦国人乘虚而

以自相屠灭⑥。秦兵未出，而天下诸侯已自困

入，吞并了这些国家，这怎能不令人悲哀呀！

矣。至于秦人得伺其隙以取其国，可不悲哉！

①藉：通"借"。②摈：排斥。③寇：敌寇，这里指秦国。④疆场：
边界。⑤背：背弃。败：破坏。⑥屠灭：残杀。

深入浅出读古文

在这篇文章中，作者认为六国为秦所灭的原因，在于没有互助，背盟败约、互相残杀，才导致了最后的灭亡。

自古以来，有关揭示秦灭六国原因的文章不在少数，而这篇《六国论》是其中的精品之作。文章借古论今，意在抨击宋朝对西夏和辽国的屈辱政策，告诫北宋统治者要以六国的灭亡为戒。

本文围绕中心论点展开，逻辑严密，脉胳清晰，结构严整。句与句、段与段之间首尾照应；立足历史与现实的角度，表明了作者明达而深远的政治见解。

知识加油站

商鞅变法

战国时期，秦国的秦孝公决心图强改革，便下令招纳人才。商鞅自魏国入秦，提出了废井田、重农桑、奖军功等一整套变法求新的发展策略，深得秦孝公的信任，在公元前356年和公元前350年，先后两次进行变法。经过商鞅变法，秦国的经济得到发展，军队战斗力不断加强，发展成为战国后期最富强的国家。

yù ràng lùn

豫 让 论

明 方孝孺

作者档案

方孝孺（1357年—1402年），字希直，宁海（今浙江宁波）人，人称"正学先生"。师从宋濂，洪武二十五年（1392年）授汉中府教授。建文朝历官翰林侍讲、文学博士。力主复古改制，对朝政影响较大。"靖难之役"中，辅助建文帝对抗燕王朱棣。燕王命他起草登基诏书，他誓死不从，被灭十族。

shì jūn zǐ lì shēn shì zhǔ　　jì míng① zhī jǐ　　zé dāng jié

士君子立身事主，既名①知己，则当竭

士人君子要想立身于世，侍奉君主，既然被称作是君主的知己，就

jìn zhì móu　zhōng gào shàn dào②　　xiāo huàn yú wèi xíng　　bǎo zhì yú

尽智谋，忠告善道②，销患于未形，保治于

应当竭尽自己的智慧和谋略，忠诚地劝告，巧妙地劝说，把祸患消除在没有

wèi rán， bǐ③ shēn quán ér zhǔ ān。 shēng wéi míng chén， sǐ wéi shàng
未然，俾③身全而主安。生为名臣，死为上
形成之前。在动乱发生之前维护社会的安定，使自己得到保全，使君主没有

guǐ， chuí guāng④ bǎi shì， zhào yào jiǎn cè， sī wéi měi yě。 gǒu yù
鬼，垂光④百世，照耀简策，斯为美也。苟遇
危险。在世的时候是一代名臣，死后成为尊贵的鬼魂，荣誉流传百代，光辉

zhī jǐ， bù néng fú wēi yú wèi luàn zhī xiān， ér nǎi juān qū yǔn mìng yú
知己，不能扶危于未乱之先，而乃捐躯殒命于
照耀史册，这才是值得赞美的。如果遇到知己，却不能在灾祸发生前匡扶危

jì bài zhī hòu， diào míng gū yù， xuàn shì xuàn sú⑤， yóu jūn zǐ guān
既败之后，钓名沽誉，眩世炫俗⑤，由君子观
乱，而是在失败之后献身自尽，沽名钓誉，迷惑世人，这些在君子看来，都

zhī， jiē suǒ bù qǔ yě。
之，皆所不取也。
是不可取的。

①名：被称作。②善道：善意地劝说。③俾：使。④垂光：比喻美名流传。⑤眩世炫俗：指欺骗、迷惑世俗的人。

gài cháng yīn ér lùn zhī。 yù ràng① chén shì zhì bó， jí zhào
盖尝因而论之。豫让①臣事智伯，及赵
我曾按这个标准评论过豫让。豫让做智伯的家臣，等到赵襄子杀了

xiāng zǐ shā zhì bó， ràng wèi zhī bào chóu。 shēng míng liè liè， suī yú
襄子杀智伯，让为之报仇。声名烈烈，虽愚
智伯之后，豫让为他报仇，声名显赫，即使是那些平民百姓，也没有不知道

fū yú fù② mò bù zhī qí wéi zhōng chén yì shì yě。 wū hū！ ràng
夫愚妇②莫不知其为忠臣义士也。呜呼！让
他是忠臣义士的。唉！豫让的死固然算是忠义，可惜他这种死的方式还是有

124

zhī sǐ gù zhōng yǐ　　　　xī hū chǔ sǐ zhī dào yǒu wèi zhōng zhě cún yān

之死固忠矣，惜乎处死之道有未忠者存焉。

不忠的成分。为什么这样说呢？我们看他漆身毁容、吞炭变声，改变了容貌

hé yě　　guān qí qī shēn tūn tàn ③　　wèi qí yǒu yuē　　　　　fán wú suǒ

何也？观其漆身吞炭③，谓其友曰："凡吾所

声音之后，对他的朋友说："我要做的事情是极难的，我要使天下后世那些

wéi zhě jí nán　　jiāng yǐ kuì ④ tiān xià hòu shì zhī wéi rén chén ér huái

为者极难，将以愧④天下后世之为人臣而怀

身为人臣却怀有二心的人感到惭愧。"这能说他不忠吗？等到他对赵襄子的

èr xīn zhě yě　　　　wèi fēi zhōng kě hū　　　jí guān zhǎn yī sān yuè

二心者也。"谓非忠可乎？及观斩衣三跃，

衣服三跃而刺，赵襄子责备他不为中行氏而死，却唯独替智伯而死的时候，

xiāng zǐ zé yǐ bù sǐ yú zhōng háng shì　　　ér dú sǐ yú zhì bó　　ràng

襄子责以不死于中行氏，而独死于智伯，让

豫让回答说："中行氏把我当作一般人看待，所以我用一般人的行为报答他；

yìng yuē　　　zhōng háng shì yǐ zhòng rén dài wǒ　　wǒ gù yǐ zhòng rén bào

应曰："中行氏以众人待我，我故以众人报

智伯把我当作国士看待，所以我用国士的行为报答他。"就这方面来评论，

zhī　　zhì bó yǐ guó shì dài wǒ　　wǒ gù yǐ guó shì bào zhī　　　jí

之；智伯以国士待我，我故以国士报之。"即

豫让就有不足之处了！

cǐ ér lùn　　ràng yǒu yú hàn yǐ

此而论，让有余憾矣。

①豫让：晋国侠客毕阳的孙子。智伯为赵襄子所杀后，豫让计划
为智伯报仇，未成功。刺杀赵襄子未遂后，他被赵襄子的侍从包
围起来，无奈之下，他请求赵襄子将衣服脱下来让他刺几剑以成
全他，刺完后他便伏剑自杀了。②愚夫愚妇：指百姓。③漆身吞炭：

豫让欲为智伯报仇，于是将全身涂上漆，吞下炭，改变了自己的声音容貌。④愧：使动用法，使之惭愧。

duàn guī zhī shì hán kāng ①，rén zhāng zhī shì wèi xiàn ②，wèi

段规之事韩康①，任章之事魏献②，未

段规侍奉韩康子，任章侍奉魏献子，也没听说韩康子、魏献子把他

wén yǐ guó shì dài zhī yě　ér guī yě zhāng yě　lì quàn qí zhǔ cóng

闻以国士待之也，而规也章也，力劝其主从

们当作国士看待，可段规、任章却极力奉劝他们的主人答应智伯的无理要

zhì bó zhī qǐng　yǔ zhī dì yǐ jiāo qí zhì　ér sù qí wáng yě　xì

智伯之请，与之地以骄其志，而速其亡也。郄

求，给智伯土地使其骄傲，从而加速智伯的灭亡。郄疵侍奉智伯，智伯也

cī ③ zhī shì zhì bó　yì wèi cháng yǐ guó shì dài zhī yě　ér cī

疵③之事智伯，亦未尝以国士待之也，而疵

不曾把他当作国士看待，可是郄疵却能够洞察韩、魏的企图来劝谏智伯。

néng chá hán　wèi zhī qíng yǐ jiàn zhì bó　suī bú yòng qí yán yǐ zhì miè

能察韩、魏之情以谏智伯，虽不用其言以至灭

虽然智伯不肯听取他的意见因而招致灭亡，但是郄疵献出了他的智谋和忠

wáng　ér cī zhī zhì móu zhōng gào　yǐ wú kuì yú xīn yě　ràng jì

亡，而疵之智谋忠告，已无愧于心也。让既

告，已经是无愧于心了。豫让既然说智伯把自己当作国士一样看待，而国

zì wèi zhì bó dài yǐ guó shì yǐ　guó shì　jì guó zhī shì yě　dāng

自谓智伯待以国士矣，国士，济国之士也。当

士是能够匡济国家危难的人。当智伯贪得无厌地向别国索地的时候，当他

bó qǐng dì wú yàn ④ zhī rì　zòng yù huāng bào zhī shí　wéi ràng zhě

伯请地无厌④之日，纵欲荒暴之时，为让者

放纵私欲、荒淫暴虐的时候，豫让应当贡献才力，尽到自己的职责，恳切

正宜陈力就列，谆谆⑤然而告之曰："诸侯

地劝告智伯说："诸侯大夫，应该各自安守自己的封地，不要互相侵夺土地，

大夫，各安分地，无相侵夺，古之制也。今无

这是自古以来的规矩。现在我们无缘无故地向别人索取土地，人家不给我们，

故而取地于人，人不与，而吾之忿心必生；与

我们必定产生忿恨之心；如果给了我们，我们的骄横之心必定会因此而滋长。

之，则吾之骄心以起。忿必争，争必败；骄必

忿恨就一定会引发争夺，争夺就一定会失败；骄横就一定会让自己目中无

傲，傲必亡。"谆切恳至，谏不从，再谏之；

人，目中无人就一定会亡国。"恳切真挚地劝谏，一次不听，就再劝谏他

再谏不从，三谏之；三谏不从，移其伏剑⑥之

再劝谏不听，就第三次劝谏他；三次劝谏不听，就把自己伏剑自杀的时间

死，死于是日。伯虽顽冥不灵，感其至诚，庶

移到这一天。智伯虽然愚钝无知，但因为被他的至诚所感动，也许会重新

几复悟，和韩、魏，释赵围，保全智宗，守其

醒悟，同韩、魏两家讲和，解除赵国的围困，保全智氏的宗族，使其世代

祭祀。若然，则让虽死犹生也，岂不胜于斩

保持祭祀先祖之礼。如果这样，那么豫让虽死犹生，难道不比斩衣而死强吗？

衣而死乎？让于此时，曾无一语开悟主心，视

但豫让在这个时候，却不曾说过一句话去开导主人，他看着智伯的危亡，

伯之危亡，犹越人视秦人之肥瘠⑦也。袖手旁
就像越国人看秦国人的胖瘦一样漠不关心。袖手旁观，坐等成败，国士对

观，坐待成败，国士之报，曾若是乎？智伯既
于主上的报答，什么时候是这样的呢？直到智伯死了，他才禁不住一时的

死，而乃不胜血气之悻悻⑧，甘自附于刺客之
血气冲动，情愿自己成为刺客一类的人，这有什么值得称道的呢？这有什

流，何足道哉？何足道哉？
么值得称道的呢？

① 段规：韩康子的谋臣。韩康：即韩康子，春秋时晋国贵族。② 任
章：魏献子的谋臣。魏献：即魏献子，春秋时晋国贵族。③ 郄疵：
智伯的家臣。④ 无厌：没有满足。⑤ 谆谆：恳切耐心的样子。
⑥ 伏剑：以剑自刎。⑦ 肥瘠：即胖瘦。⑧ 悻悻：恼怒怨恨。

虽然，以国士而论，豫让固不足以当①
虽然这样，以国士而论，豫让固然是不够标准的。但与那些早上

矣。彼朝为仇敌，暮为君臣，觍然而自得②
还是仇敌，晚上就变成了君臣，厚着脸皮自以为得意的人相比，他们又是

者，又让之罪人也。噫！
豫让的罪人了！唉！

①当：充当，担任。②靦然：厚着脸皮的样子。自得：自己感到得意。

深入浅出读古文

战国时的豫让，因为舍身为主报仇而被视为忠义之士，历来为人所颂扬。本文作者却认为，豫让身为智伯所倚重的臣子，应该尽到劝谏的职责，帮助智伯消除灾祸于未然。而在智伯因祸死后去为他报仇，凭着血气之勇刺杀赵襄子，并不值得称道。

本文采取了层层深入的写法。开头先提出"士君子立身事主"，摆明了中心论点；第二段，先肯定豫让为智伯报仇，然后提出异议，意在说明豫让的死是忠诚的表现，可是他的做法却存在不忠的成分；第三段，作者不但论证了豫让之死的不可取，而且还为其提供了对智伯进行劝谏的方案。结尾的补充，更是佐证了全文所要表达的观点。

知识加油站

成语词汇

钓名沽誉：用某种不正当的手段捞取名誉。（选自文句："苟遇知己，不能扶危于未乱之先，而乃捐躯殒命于既败之后，钓名沽誉，眩世炫俗，由君子观之，皆所不取也。"）

袖手旁观：把手笼在袖子里，在一旁观看。比喻置身事外、不帮助别人。（选自文句："袖手旁观，坐待成败，国士之报，曾若是乎？"）

信陵君救赵论

xìn líng jūn jiù zhào lùn

明 唐顺之

lùn zhě yǐ qiè fú wéi xìn líng jūn zhī zuì yú yǐ wéi cǐ

论者以窃符①为信陵君②之罪，余以为此

评论史事的人把窃取魏王兵符看作是信陵君的罪过，我认为这

wèi zú yǐ zuì xìn líng yě fú qiáng qín zhī bào jí yǐ jīn xī bīng yǐ

未足以罪信陵也。夫强秦之暴亟矣，今悉兵以

并不足以成为怪罪信陵君的理由。强秦的暴虐咄咄逼人，现在出动全

lín zhào　zhào bì wáng　zhào　wèi zhī zhàng yě　　zhàowáng　zé wèi qiě

临赵，赵必亡。赵，魏之障也，赵亡，则魏且

国的军队来对付赵国，赵国一定会灭亡。赵国是魏国的屏障，赵国灭

wéi zhī hòu　zhào　wèi　yòu chǔ　yān　qí zhū guó zhī zhàng yě

为之后。赵、魏，又楚、燕、齐诸国之障也，

亡了，魏国也会随之而灭亡。赵国和魏国，又是楚国、燕国、齐国等

zhào　wèi wáng　zé chǔ　yān　qí zhū guó wéi zhī hòu　tiān xià zhī

赵、魏亡，则楚、燕、齐诸国为之后。天下之

几个国家的屏障，赵国、魏国灭亡了，那么楚国、燕国、齐国等几个

shì　wèi yǒu jí jí ③ yú cǐ zhě yě　gù jiù zhào zhě　yì yǐ jiù

势，未有岌岌③于此者也。故救赵者，亦以救

国家就要步它们的后尘了。天下的形势，从来没有像此刻这样危急过。

wèi　jiù yì guó zhě　yì yǐ jiù liù guó yě　qiè wèi zhī fú yǐ shū ④

魏；救一国者，亦以救六国也。窃魏之符以纾④

所以救了赵国，也就因此救了魏国；救了一国，也就因此救了六国。

wèi zhī huàn　jiè yì guó zhī shī yǐ fēn liù guó zhī zāi　fú xī bù kě

魏之患，借一国之师以分六国之灾，夫奚不可

窃取魏王的兵符来解除魏国的祸患，借助一国的兵力来化解六国的灾

zhě

者？

难，这又有什么不可以的呢？

①符：兵符。②信陵君：姓魏，名无忌，"战国四公子"之一。

③岌岌：危急。④纾：解除。

rán zé xìn líng guǒ wú zuì hū　yuē　yòu bù rán yě

然则信陵果无罪乎？曰："又不然也。"

那信陵君果真没有罪过吗？我说："其实也不是这样。"我所

余所诛者，信陵君之心也。信陵一公子耳，魏
要指责的，是信陵君的私心啊。信陵君不过是一个公子罢了，魏国本

固有王也。赵不请救于王，而谆谆①焉请救
来是有君主的啊！赵国有难不向魏王求救，却恳切地向信陵君求救，

于信陵，是赵知有信陵，不知有王也。平原君②
由此看来，赵国只知道有信陵君，却不知道有魏王啊。赵国的平原君

以婚姻激信陵，而信陵亦自以婚姻之故，欲急
利用姻亲的关系去激信陵君，而信陵君也是因为姻亲的缘故，才急于

救赵，是信陵知有婚姻，不知有王也。其窃
援救赵国，这是信陵君只知道有姻亲关系，而不知道有魏王啊。他窃

符也，非为魏也，非为六国也，为赵焉耳；非
取兵符，不是为了魏国，不是为了六国，只是为了赵国罢了；也不能

为赵也，为一平原君耳。使祸不在赵，而在他
说是为赵国，应该说只是为平原君罢了。假使祸患不在赵国，而是在

国，则虽撤魏之障，撤六国之障，信陵亦必不
别的国家，那么即使撤去了魏国的屏障，撤去了六国的屏障，信陵君

救。使赵无平原，或平原而非信陵之姻戚，虽
也一定不会去援助的。假使赵国没有平原君，或者平原君不是信陵君

赵亡，信陵亦必不救。则是赵王与社稷③之轻
的姻亲，那么即使赵国灭亡了，信陵君也必定不会去相救的。这就是

133

重，不能当一平原公子；而魏之兵甲所恃以
说赵王和国家社稷的轻重，还抵不上一个平原君；而魏国用以保卫国

固其社稷者，只以供信陵君一姻戚之用。幸而
家的军队，也不过是供信陵君为自己的一个姻亲而使用罢了。幸亏打

战胜，可也；不幸战不胜，为虏于秦，是倾魏
了胜仗，总算可以交代；如果不幸打了败仗，做了秦国的俘虏，就是

国数百年社稷以殉④姻戚，吾不知信陵何以谢
毁灭了魏国几百年的江山社稷来给姻亲做殉葬品，我真不知道信陵君

魏王也。
那时该拿什么向魏王谢罪！

①谆谆：形容恳切教导。②平原君：赵武灵王之子，赵惠文王之弟，
时任赵国宰相。他的妻子为信陵君的姐姐。③社稷：指国家。
④殉：陪葬。

夫窃符之计，盖出于侯生①，而如姬②成
窃取兵符的计策，是侯生提出、由如姬完成的。侯生教信陵君去窃

之也。侯生教公子以窃符，如姬为公子窃符于
取兵符，如姬在魏王的卧室里替信陵君窃取了兵符，因此这两人心中也只知

王之卧内，是二人亦知有信陵，不知有王也。
道有信陵君，而不知道有魏王。

余以为信陵之自为计，曷若③以唇齿之
我认为信陵君要是自己拿主意的话，不如用魏、赵两国唇齿相依的

势，激谏于王，不听，则以其欲死秦师者，而
情形，去激励劝谏魏王，如果魏王不听，就用他本打算跟秦军拼命的决心死

死于魏王之前，王必悟矣。侯生为信陵计，
在魏王的面前，那么魏王一定会醒悟。侯生替信陵君出谋划策，不如进谏魏

曷若见魏王而说之救赵，不听，则以其欲死信
王，劝他援救赵国，如果魏王不听，就用自己以死报效信陵君的决心死在魏

陵君者而死于魏王之前，王亦必悟矣。如姬有
陵君的面前，魏王也一定会醒悟。如姬有意报答信陵君，不如乘魏王空闲时日

意于报信陵，曷若乘王之隙而日夜劝之救，
夜劝他救赵，如果魏王不听，就用她本想为公子而死的心死在魏王面前，魏

不听，则以其欲为公子死者，而死于魏王之
王也一定会醒悟。这样，信陵君就不会有负于魏国、有负于赵国；侯生和如

前，王亦必悟矣。如此，则信陵君不负魏，亦
姬两个人也不会有负于魏王、有负于信陵君。为什么不从这方面去想办法呢？

不负赵；二人不负王，亦不负信陵君。何为计
信陵君只知道与自己有姻亲关系的平原君，却不知道有魏王。在内的宠姬，

不出此？信陵知有婚姻之赵，不知有王。内则
在外的邻国，地位卑贱的侯生，又都只知道有信陵君，而不知道有魏王，在

xìng jī　　wài zé lín guó　　jiàn zé yí mén yě rén　　yòu jiē zhī yǒu gōng

幸姬，外则邻国，贱则夷门野人，又皆知有公

内的宠姬，在外的邻国，地位卑贱的侯生，又都只知道有信陵君，而不知道

zǐ　　bù zhī yǒu wáng　　zé shì wèi jǐn yǒu yì gū wáng ěr

子，不知有王，则是魏仅有一孤王耳。

有魏王，那么这魏国的魏王只是一个孤家寡人罢了！

①侯生：侯嬴，信陵君的门客。②如姬：魏王的宠妾。她的父亲
被人杀害，信陵君为她报了仇。后秦围赵国邯郸，她帮信陵君偷
出了兵符。③曷若：何如。

wū hū　　zì shì zhī shuāi　　rén jiē xí yú bèi gōng sǐ dǎng zhī

呜呼！自世之衰，人皆习于背公死党之

唉！自从世道衰败以来，人们都习惯了那些不顾公事、为私党尽死

xíng　　ér wàng shǒu jié fèng gōng zhī dào　　yǒu zhòng xiàng ér wú wēi jūn

行，而忘守节奉公之道。有重相而无威君，

力的行为，却忘记了坚守节操、奉行公事的道理。有权倾朝野的宰相而没有

yǒu sī chóu ér wú yì fèn　　rú qín rén zhī yǒu ráng hóu　　bù zhī yǒu

有私仇而无义愤。如秦人知有穰侯①，不知有

威加海内的国君，有狭隘的私仇而没有正义的愤怒。就像秦国人只知道有穰

qín wáng　　yú qīng②　　zhī yǒu bù yī zhī jiāo　　bù zhī yǒu zhào wáng　　gài

秦王；虞卿②知有布衣之交，不知有赵王。盖

侯而不知道有秦王，虞卿只知道有平民时的好友而不知道有赵王一样。大概

jūn ruò zhuì liú③　　jiǔ yǐ　　yóu cǐ yán zhī　　xìn líng zhī zuì　　gù bù

君若赘旒③久矣。由此言之，信陵之罪，固不

君王就像连缀在大旗上的穗带装饰一样，大权旁落已经很久了啊。如此说来，

zhuān xì hū fú zhī qiè bú qiè yě　　qí wèi wèi yě　　wèi liù guó yě

专系乎符之窃不窃也。其为魏也，为六国也，

信陵君的罪过，确实不在于偷不偷兵符。如果他是为了魏国，为了六国，纵

zòng qiè fú yóu kě   qí wèi zhào yě   wèi yì qīn qī yě   zòng qiú fú

纵窃符犹可；其为赵也，为一亲戚也，纵求符

然是窃取兵符也是可以的；如果他只是为赵国，为一个亲戚，即使是向魏王

yú wáng   ér gōng rán dé zhī   yì zuì yě

于王，而公然得之，亦罪也。

求取兵符，光明正大地得到它，也是有罪的。

① 穰侯：即魏冉，秦昭襄王母宣太后之弟，他靠着宣太后的力量
在秦国专权达三十年。② 虞卿：战国时的游说之士，后为赵相。
虞卿为了帮助魏齐脱险，抛弃相印，与魏齐一同出走。后魏齐走
投无路而自杀，虞卿也不知去向。 ③ 赘旒：旗帜上的飘带。比喻
虚居其位而无权。

suī rán   wèi wáng yì bù dé wéi wú zuì yě   bīng fú cáng yú

虽然，魏王亦不得为无罪也。兵符藏于

虽然如此，魏王也不能说是没有罪过的。兵符在卧室里藏着，信陵

wò nèi   xìn líng yì ān dé qiè zhī   xìn líng bú jì wèi wáng   ér jìng

卧内，信陵亦安得窃之？信陵不忌魏王，而径

君怎么能将它偷出来呢？信陵君不惧怕魏王，却直接向如姬请求帮助，这是

qǐng zhī rú jī   qí sù kuī wèi wáng zhī shū yě   rú jī bú jì wèi

请之如姬，其素窥魏王之疏也。如姬不忌魏

他平时就看出了魏王的疏漏。如姬不惧怕魏王，而敢于偷取兵符，这是她一

wáng   ér gǎn yú qiè fú   qí sù shì wèi wáng zhī chǒng yě   mù xiǔ

王，而敢于窃符，其素恃魏王之宠也。木朽

贯依恃着魏王对自己的宠爱。树木朽腐了，蛀虫才会生长出来。古代的君主

ér zhù shēng zhī yǐ   gǔ zhě rén jūn chí quán yú shàng   ér nèi wài mò

而蛀生之矣。古者人君持权于上，而内外莫

掌握着大权，里里外外没有敢不肃然听命的。那么信陵君怎么能同赵国私自

gǎn bú sù   zé xìn líng ān dé shù sī jiāo yú zhào   zhào ān dé sī qǐng
敢不肃。则信陵安得树私交于赵？赵安得私请
交往呢？赵国又怎能私下里向信陵君求救呢？如姬又怎能够常常想着要报答

jiù yú xìn líng   rú jī ān dé xián xìn líng zhī ēn   xìn líng ān dé mài
救于信陵？如姬安得衔信陵之恩？信陵安得卖
信陵君的恩德呢？信陵君又怎能施卖恩德于如姬呢？冰冻三尺，岂是一朝一

ēn yú rú jī   lǚ shuāng zhī jiàn①   qǐ yì zhāo yì xī yě zāi
恩于如姬？履 霜 之 渐①，岂一朝一夕也哉？
夕之寒所造成的？如此说来，不只是大家心中没有魏王，魏王也是心甘情愿

yóu cǐ yán zhī   bú tè②   zhòng rén bù zhī yǒu wáng   wáng yì zì wéi zhuì
由此言之，不特②众人不知有王，王亦自为赘
让自己只做在大旗上的穗带装饰啊！

liú yě
旒也。

①履霜之渐：《易经·坤》有"履霜，坚冰至"一句，意思是踩到霜，就知道寒冬要来了。②不特：不只。

gù xìn líng jūn kě yǐ wéi rén chén zhí dǎng zhī jiè   wèi wáng kě
故信陵君可以为人臣植党之戒，魏王可
所以信陵君可以作为臣子结党营私的鉴戒，魏王可以作为君主失去

yǐ wéi rén jūn shī quán zhī jiè   chūn qiū   shū zàngyuánzhòng①   huī②
以为人君失权之戒。《春秋》书葬原仲①、翚②
权力的鉴戒。《春秋》记载了"季友私葬原仲""公子翚强迫隐公出师"两

shuài shī   jiē fú   shèng rén zhī wéi lǜ shēn yǐ
帅师。嗟夫！圣人之为虑深矣！
件事。唉！圣人的思虑真是深远啊！

①原仲：陈国大夫。他死后，旧友季友私自将他埋葬，孔子认为这是结党营私的表现。②翚：鲁国大夫。宋、陈等国联合讨伐郑国，想请鲁国出兵，鲁隐公不答应，翚却执意请求，最后私自带兵前去，孔子认为这是目无君主的表现。

深入浅出读古文

魏国信陵君窃符救赵这件事一直被后世引为佳话，但是唐顺之却一反前人观点。他认为信陵君此举，是出于私心，危害了魏国利益，而且还无视魏王的权威。

此文开头设下伏笔，让人难以琢磨作者的用意，也吸引了读者的眼球。之后作者分析战国的形势，指出信陵君窃符救赵之举情有可原，但接下来的"余所诛者"二句，表明了作者的立场。至此，本文的主旨也就浮出水面了。

中间部分穿插了对侯生、如姬、魏王的评论，指出这三人对信陵君窃符一事有不可推卸的责任。表面上是为信陵君开脱罪责，其实是使信陵君为私忘国的罪责无法遁形。这种旁敲侧击的技巧，既可以让文章有波澜起伏，又能增强说服力。

知识加油站

兵符

兵符，指古代传达命令或调兵遣将所用的凭证。用铜、玉或木石制成，作虎型，为虎符。虎符最早出现于春秋战国时期，制成两半，右半留存在国君处，左半交给统帅。国君若派人前往调动军队，就需带上右符，持符验合，才能生效。

蔺相如完璧归赵论

明 王世贞

作者档案

王世贞（1526年—1590年），号凤洲，又号弇州山人，太仓（今江苏太仓）人，明代文学家、史学家，"后七子"领袖之一。曾任刑部主事、刑部尚书，卒赠太子少保。好为古诗文，始与李攀龙主文盟，攀龙死后，独主文坛20年。有《弇山堂别集》《弇州山人四部稿》等传世。

蔺相如①之完璧，人皆称之，予未敢以为信也。

蔺相如保全了和氏璧，人们都称赞他，但是我却不敢苟同。

① 蔺相如：战国时期赵国著名的政治家、外交家。

夫秦以十五城之空名，诈赵而胁其璧。
秦用十五座城的空名，欺骗赵国并且威胁其交出和氏璧。当时说秦

是时言取璧者，情也，非欲以窥赵也。赵得
国意在求取和氏璧确是实情，并非秦国想以此来窥视赵国。赵国如果了解秦

其情则弗予，不得其情则予；得其情而畏之则
国的真正用意就不给，不了解秦国的真正用意就给；知道了秦国的真正用意而

予，得其情而弗畏之则弗予。此两言决耳，奈
惧怕就给，知道了秦国的真正用意不惧怕就不给。这件事只要两句话就可以决

之何既畏而复挑其怒也！
定下来，为什么赵国既惧怕秦国却又要挑起其怒呢？

且夫秦欲璧，赵弗予璧，两无所曲直也。
况且秦国想要得到这块璧，赵国不给，双方都没有什么曲直是非。

入璧而秦弗予城，曲在秦；秦出城而璧归，曲
和氏璧到了秦国而秦国不给城，那就是秦国理亏；秦国让了城而和氏璧却回

在赵。欲使曲在秦，则莫如弃璧；畏弃璧，则莫
到了赵国，那就是赵国理亏了。要想秦国理亏，不如放弃和氏璧；如果怕失

143

如弗予。夫秦王既按图以予城，又设九宾^①，斋

去了和氏璧，就不如不给。秦王既然已经指着地图明确告知哪些城池送给赵

而受璧，其势不得不予城。璧入而城弗予，

国，又设了九宾的大礼，斋戒后才来接受和氏璧，那情势看来是不会不给城

相如则前请曰："臣固知大王之弗予城也。

了。如果接受了和氏璧却不给城，相如就可以上前责问说："我本来就知道

夫璧非赵璧乎？而十五城秦宝也。今使大王

大王是不会给城的。和氏璧难道不是赵国的吗？而那十五座城也是秦国的宝

以璧故，而亡其十五城，十五城之子弟，皆

地啊。现在如果大王因为和氏璧的缘故放弃了这十五座城，十五座城里的子

厚怨大王以弃我如草芥也。大王弗予城而

民，就都会深深怨恨大王抛弃他们就像抛弃草芥一样。大王不给城而骗走璧，

给^② 赵璧，以一璧故而失信于天下，臣请就死

为了一块璧而失信于天下，那么我也请求死在秦国，以向天下昭示大王的不

于国，以明大王之失信。"秦王未必不返璧

讲信用。"这样，秦王未必就不归还和氏璧。当时为什么要派随从怀揣着和

也。今奈何使舍人^③ 怀而逃之，而归直于秦？

氏璧逃回赵国，使人们认为是秦国占理呢？当时，秦国还不想与赵国断交罢

是时秦意未欲与赵绝耳。令秦王怒，而僇^④ 相

了。如果秦王发怒，在街市上杀掉相如，派武安君带领十万大军逼近邯郸，

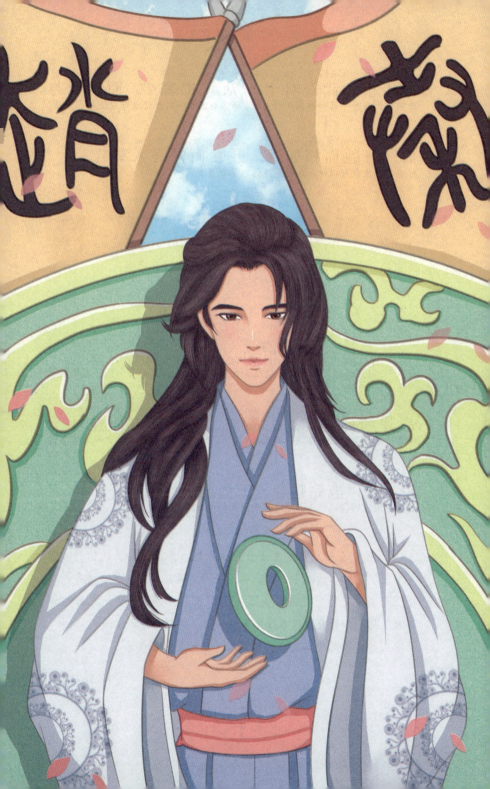

rú yú shì　　wǔ ān jūn shí wàn zhòng yā hán dān⑤　　ér zé bì yǔ

如于市，武安君十万众压邯郸⑤，而责璧与

责问和氏璧的下落和赵国为何失信，那么秦国打一次胜仗就可以使相如灭族，

xìn　　yī shèng ér xiāng rú zú　　zài shèng ér bì zhōng rù qín yǐ

信，一胜而相如族，再胜而璧终入秦矣。

打两次胜仗就可以使和氏璧最终落入秦国手里。

①九宾：指举行大典时所用的隆重礼仪。②绐：欺诈，欺骗。
③舍人：手下的人。④僇：通"戮"，杀戮。⑤武安君：秦国名
将白起，封武安君。邯郸：赵国都城，在今河北邯郸。

wú gù yuē　　lìn xiāng rú zhī huò quán yú bì yě　　tiān yě

吾故曰，蔺相如之获全于璧也，天也。

因此我说："蔺相如能使和氏璧得到保全，是天意啊！"至于后来

ruò qí jìn miǎn chí①　　róu lián pō②　　zé yù chū ér yù miào yú

若其劲渑池①，柔廉颇②，则愈出而愈妙于

他在渑池会上的强硬坚决，对廉颇的忍让谦和，那是他在策略上越来越高明

yòng　　suǒ yǐ néng wán zhào zhě　　tiān gù qū quán zhī zāi

用。所以能完赵者，天固曲全之哉！

了。赵国能够得以保全，这的确是上天的偏袒呀！

①劲渑池：秦昭王与赵惠王会盟于渑池，秦王请赵王鼓瑟，以侮
辱赵王。蔺相如请秦王击缶，秦王不肯，蔺相如就以自杀相威胁。
秦王无奈，只得勉强敲了一下缶。②廉颇：赵国大将，与蔺相如
不和。蔺相如处处回避与廉颇发生冲突，为的是赵国的安定稳固。
后有人将此情况告诉廉颇，廉颇惭愧不已，负荆请罪。

深入浅出读古文

本文是王世贞所写的一篇史论，他就蔺相如完璧归赵一事，发表了自己的看法。他认为蔺相如之所以能完成壮举，有其深层次的原因，即秦国当时还不想与赵国彻底决裂。作者在文中将此称为"天"，指的是大环境。

在本文开头，作者力排众说，就蔺相如完璧归赵一事，摆明了自己不认同的看法，可谓开门见山，直揭主题。接着，重点分析了蔺相如的所谓曲直论，先说明秦赵双方都没有什么曲直是非，后又指出蔺相如派人将和氏璧送回赵国，是理亏的行为。最后，本文指出蔺相如完璧的后果是族灭国破。

本文层层推进，从而得出结论，即"蔺相如能使和氏璧得到保全，是天意"。全文结构严密，逻辑分明，反问之句发人深省。

知识加油站

负荆请罪

因渑池会盟有功，蔺相如被封为上卿。大将军廉颇很不服气，扬言要当面羞辱蔺相如。蔺相如得知后，尽量回避、容让廉颇。蔺相如的门客以为他害怕廉颇，蔺相如说："秦国不敢攻打赵国，是因为有我和廉将军。我是把国家的危难放在前面，而不计较个人的私仇啊！"廉颇知道后，感到很惭愧，就背着荆棘亲自向蔺相如请罪。

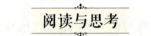

阅读与思考

《过秦论》中，运用了丰富的词藻，还用了排比、夸张，比喻等各种修辞手法，再认真读一读，找出这些句子，回味一下。

_____

_____

_____

_____

看完了《师说》，你有什么想说的吗？

_____

_____

_____

_____

_____

阅读与思考

对于《纵囚论》的观点，你是否认同，请说出你的看法。

_____

_____

_____

_____

_____

苏辙的《六国论》，对你有怎样的启发？

_____

_____

_____

_____

_____

在《信陵君救赵论》一文中，作者的哪些思想你是赞同
的，有哪些是不赞同的，请说一说。

_____

_____

_____

_____

《蔺相如完璧归赵论》的观点别出心裁，你是如何理解
这一历史事件的？

_____

_____

_____

_____